Böhmische Küche

www.komet-verlag.de
Bildnachweis: Interfoto S. 4, 6-7, 9, 11, 13, 14, 15, 17, 20, 22, 126
Alle übrigen Abbildungen: Komet Verlag GmbH, Köln
Gesamtherstellung: Komet Verlag GmbH
ISBN 3-89836-427-5

Böhmische Küche

Inhaltsverzeichnis

Böhmen

Wo genau Böhmen liegt, wissen erstaunlich wenige Menschen – schon Shakespeare verlegte das Land mit leichter Hand und ungeachtet jeder Geografie ans Meer. Dass aber die böhmische Küche etwas ganz besonders Köstliches ist, das wiederum wissen erstaunlich viele. Wie kommt es zu dieser höchst unterschiedlichen Wahrnehmung böhmischer Realitäten?

Das Land Böhmen hatte stets unter seiner komplizierten Geschichte zu leiden. Im Frühmittelalter ein blühendes slawisches Reich, dann deutsches Lehensland, unter Ottokar II. mächtig und strahlend. Ihre Schlösser, Burgen und die herausragende Universität machten die Hauptstadt Prag zum kulturellen Zentrum der Region. Seit Beginn des 16. Jahrhunderts war Böhmen zusammen mit Mähren und Schlesien Teil der Habsburger Lande und blieb es bis zum Ende des Ersten Weltkriegs. Mit der Gründung der Tschechoslowakischen

Republik wurde Böhmen Teil des Landes, das im Zweiten Weltkrieg als erstes Opfer der deutschen Begehrlichkeiten wurde. Aus der Tschechoslowakei wurde das von Deutschen besetzte Protektorat Böhmen und Mähren. Nach dem Zweiten Weltkrieg geriet das Land unter sowjetischen Einfluss, im Zweiten Prager Frühling befreite sich das Land vom kommunistischen Joch, und heute, nach der Trennung von der Slowakei, ist Böhmen Teil der Republik Tschechien. („Ganz schön herum kommen die Länder neuerdings", wie ein österreichischer Spötter einmal sagte.)

Die böhmische Küche überstand alle politischen Komplikationen und genoss immer den

allervortrefflichsten Ruf. Denn sie hatte die leidenschaftlichsten Propagandisten, die man sich vorstellen kann: alle genussfrohen Österreicher, und von denen gibt es viele! Das wachsende Wien, vor allem im 19. Jahrhundert, holte sich seinen riesigen Bedarf an Arbeitern und Personal vor allem aus Böhmen, und die böhmischen Köchinnen wurden zur

Legende. Sie brachten ihre reiche, fantasievolle Küche mit nach Wien, und jeder Wiener, der als Kind von einer dieser legendären Kochkünstlerinnen und Küchenherrscherinnen verwöhnt wurde, träumte sein Leben lang von ihrer Küche. Dass die besondere Spezialität der meisten böhmischen Köchinnen Mehlspeisen, Süßspeisen also, waren, kam der berühmten Wiener Naschsucht natürlich außerordentlich entgegen.

Aber die Wiener ernteten nur, was im Lande Böhmen selbst entstanden war. Böhmen, zwischen Erzgebirge und Sudeten gelegen, von Elbe und Moldau durchflossen, ist ein ertragreiches Land. Der fruchtbare Lössboden ist ideal für den Anbau von Getreide und Gemüse, im milden Elbebecken wachsen Wein und Obst. Flüsse und Teiche liefern seit jeher Forellen, Karpfen und Hechte. Auf den Bauernhöfen wurden Schweine und Gänse gemästet, aus den tiefen Wäldern des Südens kamen Wild und Wildgeflügel. Das milde Klima war auch geeignet für den Hopfen, die Grundlage des herb-hopfigen böhmischen Bieres. Wie sollte bei diesen Voraussetzungen nicht eine reiche, großzügige Küche entstehen? Dass sie den Umweg über Wien machen musste, um berühmt zu werden, liegt an der komplizierten Geschichte des Landes. Böhmer, die es nach Wien verschlug, versicherten denn auch immer wieder, dass die berühmten „Wiener" Spezialitäten wie Buchteln oder Topfenknödel zum einen eigentlich böhmisch wären, zum anderen nur matte Imitationen der Köstlichkeiten, die man in Böhmen zu sich nähme.

Friedrich Torberg, brillanter Chronist des Wiener Lebens in der Zwischenkriegszeit, schildert in

seinem Bestseller „Die Tante Jolesch", wie jedes Jahr am Heiligen Abend im Hause eines berühmten Wiener Komikers böhmische Küche zelebriert wurde. Dazu reisten eigens die drei Schwestern des Komikers aus Brünn an, um für den Bruder und seine illustren Gäste ihr ganzes Können zu entfalten. Der vor Erschöpfung keuchenden Gesellschaft wurden von acht Uhr bis Mitternacht Erbsensuppe und Gulasch, Wurstplatten und Salate in ununterbrochener Folge gereicht. Wenn dann um Mitternacht auf hoch über den Köpfen erhobenen Platten Gänseleberbrötchen präsentiert wurden, brachen auch die hartgesottensten Gäste zusammen.

Die heutige Küche im tschechischen Landesteil Böhmen ist leider mit der der Vergangenheit nicht mehr zu vergleichen. Die lange, bleierne Zeit des Kommunismus mit ihrer Kollektivierung und der Förderung preiswerter, aber anspruchsloser Massenernährung hat die Raffinesse und die Sorgfalt vertrieben, die früher Eigenart der Küche war. Was blieb, auch in Zeiten des Mangels, war die Liebe zur Fülle: Überladene Teller, Berge von Sättigungsbeilagen und keine Scheu vor triefendem Fett haben die tschechische Küche geradezu in Verruf gebracht. Doch in vielen Familien hat sich die Liebe zur guten, sorgfältigen Küche erhalten, und in der Gastronomie ist sie wieder auf dem Vormarsch.

Raffinesse in der Üppigkeit findet man schon bei einer böhmischen Spezialität, die zwischen den Mahlzeiten, zum Bier oder einfach nur als Vorspeise serviert wird – Topinky. Dafür wird würziges Graubrot in Schmalz knusprig geröstet und dann gesalzen. Wenn die Jahreszeit danach ist, kann auch Gänseschmalz verwendet werden und ein Stück gebratene Gänseleber das Brot krönen. Dazu ein Bier, und das böhmische Herz beginnt, höher zu schlagen.

Eine Suppe vor dem Essen – das gehört einfach dazu. Meist ist es eine Rindssuppe, für die die Böhmen jede Menge Einlagen entwickelt haben – von feinen Eierkuchenstreifen über gewaltige Leberknödel bis zur komplizierten Milzschnitte und duftigem Kaiserschöbel. Aber auch Gemüsecremesuppen sind Teil der böhmischen Küche. Sie wurden vor allem an Fasttagen zubereitet und dann von einer reichhaltigen, süßen Mehlspeise wie böhmischen Dalken oder süßen Kartoffelknödeln mit Zimt und Zucker gefolgt. Der Hauptgang war dann deutlich üppiger. Vor allem muss der

Schweinebraten genannt werden, der großzügig mit Kümmel und Knoblauch gewürzt und mit der Schwarte serviert wird. Rinderbraten ist auch beliebt, doch damit er nicht zu mager wirkt, wird er mit einer cremigen Gemüsesahnesauce angerichtet, von der mitteleuropäische Genießer ohne böhmisches Training meistens nur ein paar Löffelchen verkraften. Auch beim Wild achtet die traditionelle böhmische Hausfrau darauf, dass es nicht zu mager ausfällt. Filets und Keulen wickelt sie sorgfältig in Speck, und die Sauce wird mit Sahne cremig gekocht. (In der Zeit der Öffnung nach Westen entdecken die Gastronomen in Prag die westliche Erfindung des Sprühsahnespenders für sich. Sie wären keine Böhmen

gewesen, wenn sie nicht in dieser Zeit auf jedes, wirklich jedes Gericht, das sie servierten, eine nette kleine Sahnehaube gespritzt hätten. Aber keine Sorge: Die Modewelle ist mittlerweile abgeklungen.)

Als Beilage kommen in der Traditionsküche fast nur Knödel in Frage. Vor allem der an-

FRANZ KAFKA
café
FRANZ
KAFKA
FAST FOOD
SALADS
CAKES
SWEETS
ICE CREAM

spruchsvolle Serviettenknödel, in einem gefetteten Tuch gekochter Hefeteig, fluffig, weich und perfekt dazu geeignet, cremige Saucen aufzusaugen. Damit die Poren nicht zusammengedrückt werden, schneidet eine Hausfrau ihn nie mit dem Messer, sondern mit einem Zwirnfaden in Scheiben. Auch Semmelknödel sind als Beilage beliebt – sie sind nicht nur wohlschmeckend, sondern auch eine vorzügliche Resteverwertung. Hin und wieder wird auch Kartoffelpüree zum Braten serviert, aber das wird dann mit Butter und Sahne fast schaumig gestampft.

Zu Weihnachten gibt es Gänsebraten mit Sauerkraut und Knödeln oder Karpfen, der paniert und knusprig gebacken auf den Tisch kam. Traditionsbewusste Familien servieren zum Karpfen heute noch die geradezu archaische „schwarze Sauce“, ein dickliches Gebräu aus vielen Gewürzen, Pfefferkuchen, Pflaumenmus, Mandeln und Nüssen.

Aber nicht ohne Grund ist der Teil der böhmischen Küche, dem die Wiener besonders nachweinen, der süße. Unendlich viele Teige aus Kartoffeln und Mehl, Quark und Eiern haben die Köchinnen entwickelt, für jede Jahreszeit und für jede Beilage ist der passende dabei. Von den knusprigen Buchteln aus Hefeteig, die mit Vanillesauce serviert werden, über die Zwetschgen- und Marillenknödel aus Kartoffel- oder Topfenteig bis zu den Liwanzen oder Dalken, kleinen Hefeteigpfannküchlein, die dick mit Mohn und Zucker bestreut werden. Die „Powidltatschkerln aus der schönen Tschechoslowakei" wurden sogar besungen, wobei Nichtösterreichern erklärt werden muss, dass Powidl ein dicklich-dunkel eingekochtes Pflaumenmus von intensivem Aroma ist.

Die böhmische Hausfrau beschäftigt sich den ganzen Sommer über damit, Vorräte für den Winter herzustellen: Marmeladen und Fruchtsaucen, Kompott und Fisolen (Bohnen). Und die Steinpilze, die die Familie im Spätsommer im Wald sammelte, wurden getrocknet oder sauer eingelegt. Wer heute in Prag eine Markthalle besucht, wird im Zeichen der wieder erstandenen Privatinitiative viele dieser traditionsreichen Spezialitäten wieder entdecken können.

Die Genussfreudigkeit der Böhmen bleibt keineswegs auf die eigenen vier Wände beschränkt. Auch außerhalb des Hauses wird gegessen, getrunken und genossen, was Angebot und Geldbeutel hergeben. Hier spielte der zu Recht berühmte Prager Schinken eine große Rolle. Zum Schutz vor dem Austrocknen im Brotteig gebacken und in dicken Scheiben auf Brötchen gelegt, war er ein herzhafter Imbiss, der während eines Spazier- oder Einkaufsganges als Stärkung eingenommen wurde. Auch Würste waren eher eine Zwischenmahlzeit. Am beliebtesten waren Párky, eine den Wiener Würstchen verwandte, leichte Wurst im feinen Saitling. Auch Vursty, ausgesprochen wurschti, gab es in reicher Auswahl. Wurstküchen, in deren dampfenden Töpfen Würste aller Art auf den Verzehr warteten, hat es sogar während der düsteren Zeiten des Sozialismus gegeben.

Friedrich Torberg verdanken wir auch den Hinweis auf einen Prager Genießer, der, gefragt, was er als Beilage zu seinen Párky haben wolle, eine Portion Speck verlangte. Er versicherte seinen Freunden, er ernähre sich von reinem „Selchgift", also einem Überangebot an Geräuchertem. Auch da ist der böhmische Genießer dem Wiener ähnlich, auf den er wahrscheinlich einen ungesunden kulinarischen Einfluss ausgeübt hat. Denn Wiener, zumindest die typischen, haben heute noch eine leichte Abneigung dagegen, Gesundes zu essen und ziehen eine Wurst als Zwischenmahlzeit allemal einer knackigen Möhre vor.

Selbstverständlich gehört zu jeder Esskultur, die mit Liebe und Leidenschaft gepflegt wird, die passende Trinkkultur. Fangen wir mit dem harmlosesten der Getränke an: mit Wasser. Die berühmten Heilbäder Karlsbad und Marienbad, von Goethe und anderen Größen geschätzt, bieten warmes, salzhaltiges Quellwasser zum Baden und zum Trinken, sehr gesund, aber wenig genussversprechend. Dennoch – das Land ist reich an mineralreichen Quellen, und wer gutes Wasser trinken möchte, ist in Böhmen gut aufgehoben.

Aus Karlsbad kommt auch eine andere Spezialität – der Becherovka. Dieser feine Kräuterbitter gehörte zum Kuren wie das Wasser, wurde aber auch zum Bier gern genossen. Junge Tschechen bevorzugen ihn heute eiskalt, „on the rocks" und mit Mineralwasser aufgefüllt – ein herb-süßes, durchaus nicht unangenehmes Getränk mit gefürchteter Spätwirkung.

Böhmischer Wein ist nie übermäßig berühmt gewesen, hatte aber zu k.u.k.-Zeiten ein akzeptables Niveau, bevor er sozialisiert wurde. Jetzt tut sich durchaus etwas in der Szene, vor allem leichte weiße Chardonnays oder der muskatige Irsay Oliver sind typisch für die Region. Das Hauptgetränk aber, das Getränk, das Böhmens Ruf wirklich in alle Welt getragen hat, ist das Bier. Pilsner und Budvar sind nicht nur Biere von Weltgeltung, sie wirkten in ihrer leicht bitteren Herbheit auch stilbildend.

In Böhmen hatte früher jeder Biertrinker sein spezielles Bier, das oft nur in einem einzigen

Gasthaus oder einer Minibrauerei gebraut wurde. Selbstverständlich wurde es frisch gezapft, Flaschenbier wurde verachtet. Und um die Frage, in welcher Bierhalle das Bier am besten war, gab es Kämpfe und Streitigkeiten, die ganze Familienverbände zerrütten konnten. Die meisten dieser kleinen, dunklen, aber meist urgemütlichen Bierhäuser existieren nicht mehr. Im „U Fleku" in Prag, einem uralten Haus mit Biergarten, kann man noch ein wenig von der alten Stimmung erahnen, wenn sich hier am Nachmittag Rentner und Studenten mit Touristen mischen, um das herrlich frische, milde Bier in ausgelassener Stimmung zu genießen.

Überall im Lande entstehen zur Zeit wieder kleine Brauereien mit gutem, frischem Bier nach alter Tradition. Biertrinker haben somit allen Grund, sich über diese Entwicklung zu freuen. Das berühmteste aller Bierhäuser Böhmens ist und bleibt jedoch das „U Kalicha" (zum Kelch) in Prag. Denn hier traf man Zeit seines Lebens den Schriftsteller Jaroslav Hašek, den Autor des legendären „braven Soldaten Schwejk". So wie seine berühmte Figur traf sich auch Haek mit Freunden in dieser Bierkneipe zu Gespräch und Genuss. Und als die Weltgeschichte über Schwejk hereinbrach, wurde die Verabredung mit den Freunden leicht abgewandelt in „nach dem Krieg, ab sechs im Kelch". Dem ist nichts hinzuzufügen. Denn über alle Komplikationen der Geschichte hinweg weiß man, dass es in Böhmen stets ein gutes Bier geben wird. Und reichlich gutes Essen noch dazu!

Ihr Peter Ploog

Vorspeisen und kleine Gerichte

Schinken-Teigtaschen

Zutaten für 8 Stück

250 g Mehl, 250 g Butter, 250 g Magerquark, 125 g gekochter Schinken, 125 g Schinkenspeck, 4 El Schmand, 2 El frisch gehackte Petersilie, 1 Ei, Mehl zum Bearbeiten, Fett für das Blech

1 Das Mehl in eine Schüssel sieben. Die weiche Butter zugeben und untermengen. Den Quark gut ausdrücken und ebenfalls in die Schüssel geben. Alles zu einem glatten Teig verkneten, in Folie wickeln und über Nacht in den Kühlschrank legen.

2 Gekochten Schinken und Schinkenspeck in kleine Würfel schneiden und mit dem Schmand vermischen. Petersilie unterheben.

3 Den Backofen auf 190 °C (Umluft 170 °C) vorheizen. Den Teig auf einer bemehlten Fläche dünn ausrollen und Kreise von etwa 8 cm Durchmesser ausstechen. Auf jeden Kreis etwas Schinkenmasse geben und zusammenklappen. Die Ränder mit dem Messerrücken gut andrücken.

4 Die Teigtaschen mit verquirltem Ei bestreichen und auf ein gefettetes Backblech legen. Im Ofen auf mittlerer Schiene etwa 25 Minuten backen.

Zubereitungszeit 30 Minuten
(plus Ruhe- und Backzeit)
Pro Stück ca. 421 kcal/1769 kJ
14 g E · 30 g F · 24 g KH

Kartoffelkrapfen

Zutaten für 12 Stück

500 g Kartoffeln, 250 g Mehl, 2 Eigelb, Salz, Pfeffer, etwas geriebene Muskatnuss, 250 g gekochter Schinken, 3 El Schmand, 3 El frisch gehackte Kräuter (z. B. Petersilie, Schnittlauch, Kerbel), Fett zum Ausbacken, geriebener Käse zum Bestreuen, Mehl zum Bearbeiten

1 Die Kartoffeln mit der Schale in kochendem Wasser etwa 20 Minuten garen. Abgießen, abkühlen lassen, dann die Kartoffeln pellen und mit dem Kartoffelstampfer zerkleinern.

2 Kartoffelmus mit Mehl und Eigelb zu einem Teig vermischen, mit Salz, Pfeffer und Muskat würzen. Sollte der Teig sehr weich sein, noch etwas Mehl zugeben. Für die Füllung den Schinken mit Schmand und Kräutern verrühren.

3 Mit einem Esslöffel kleine Teigmengen abnehmen und etwas Füllung (etwa 1 Tl) in die Krapfen geben. Anschließend zu Krapfen formen und die Ränder festdrücken.

4 Die Krapfen in heißem Fett von beiden Seiten goldbraun ausbacken und auf Küchenpapier abtropfen lassen. Mit Käse bestreuen und noch heiß servieren.

Zubereitungszeit 20 Minuten
(plus Gar- und Backzeit)
Pro Stück ca. 147 kcal/616 kJ
7 g E · 3 g F · 21 g KH

Pilzroulade

Zutaten für 4 Personen

1 kleine rote Zwiebel, 50 g frische Pfifferlinge, 3 El Butter, 1 1/2 El Mehl, 1 El frisch gehackte Petersilie, Salz, Pfeffer, 125 ml Sahne, 7 Eier, Backpapier

1 Die Zwiebel schälen und fein hacken. Die Pilze putzen, waschen, trockentupfen und klein schneiden.

2 Die Butter in einer Pfanne erhitzen und die Zwiebel sowie die Pilze darin einige Minuten andünsten. Nach etwa 5 Minuten das Mehl darüber streuen, die Petersilie unterrühren und alles mit Salz und Pfeffer würzen.

3 Die Sahne zur Pilzmasse geben und unter Rühren alles dick einkochen lassen. Pfanne vom Herd nehmen. Den Backofen auf 190 °C (Umluft 170 °C) vorheizen.

4 6 Eier trennen. Das Eiweiß zu steifem Schnee schlagen. Nacheinander die 6 Eigelb und das ganze Ei unter den Brei mischen, dann den Eischnee unterheben.

5 Ein Backblech mit Backpapier auslegen und die Teigmasse darauf verteilen. Im Ofen auf mittlerer Schiene etwa 30 Minuten backen.

6 Den fertigen Pilzteig mit Hilfe des Backpapiers vorsichtig vom Blech nehmen und sofort zusammenrollen. Die Roulade in Scheiben schneiden und mit Salat servieren.

Zubereitungszeit 30 Minuten
(plus Dünst- und Backzeit)
Pro Portion ca. 325 kcal/1365 kJ
15 g E · 28 g F · 5 g KH

Gebackene Käsebällchen

Zutaten für 30 Stück

250 ml Milch, 250 ml Sahne, 150 g Mehl, 35 g Butter, 75 g frisch geriebener Gruyère, Salz, 1/2 Tl edelsüßes Paprikapulver, 1 Prise geriebene Muskatnuss, 4 Eigelb, 70 g frisch geriebener Emmentaler, 1 Ei, Paniermehl, Fett zum Ausbacken, Backpapier

1 Milch und Sahne in einen Topf geben und leicht erwärmen. Das Mehl hinzufügen und mit der Flüssigkeit zu einem glatten Brei verrühren.

2 Butter, Gruyère, Salz, Paprika und Muskat unter den Brei rühren und die Masse unter Rühren aufkochen lassen. Topf vom Herd nehmen und alles abkühlen lassen.

3 Eigelb unterheben und die Teigmasse erneut aufkochen. Emmentaler hinzufügen.

4 Ein Backblech mit Backpapier auslegen und den Käseteig darauf verteilen. Abkühlen lassen. Anschließend mit einem Löffel oder Ausstecher Krapfen ausstechen.

5 Krapfen nacheinander erst in verquirltem Ei, dann in Paniermehl wenden und in heißem Fett goldbraun ausbacken. Die Käsekrapfen heiß mit einem würzigen Dip servieren.

Zubereitungszeit 25 Minuten
(plus Kühl- und Garzeit)
Pro Stück ca. 76 kcal/319 kJ
3 g E · 5 g F · 4 g KH

Fleischpastete mit Kräutern

Zutaten für 4 Personen

500 g Mehl, 6 Eier, 50 g Butter, Salz, 750 g Rindfleisch, 125 g durchwachsener Speck, 3 Äpfel, frisch gehackter Majoran, Thymian, frisch gehacktes Liebstöckel, Salz, Pfeffer, 2 Knoblauchzehen, 1 Eigelb, Mehl zum Bearbeiten, Fett für das Blech

1 Mehl, 3 Eier, Butter, Salz und 2 El Wasser in eine Schüssel geben. Zu einem Teig verarbeiten und in Folie gewickelt 3 Stunden im Kühlschrank ruhen lassen.

2 Rindfleisch und Speck in Würfel schneiden. Äpfel schälen und vom Kerngehäuse befreien. Fleisch und Äpfel durch den Fleischwolf (mittlere Lochung) drehen und mit Kräutern, Salz und Pfeffer gut würzen. Knoblauch schälen, hacken und mit 3 Eiern unter die Masse rühren.

3 Den Backofen auf 200 °C (Umluft 180 °C) vorheizen. Den Teig auf bemehlter Fläche dünn ausrollen. Die Fleischfüllung auf den Teig verteilen. Teigränder anfeuchten, umschlagen, gut andrücken und mit verquirltem Eigelb bestreichen

4 Die Pastete mit der Nahtstelle nach unten auf ein gefettetes Backblech legen. Teig mit einer Nadel mehrmals einstechen. Pastete im Ofen auf mittlerer Schiene etwa 60 Minuten backen. Die Pastete in Scheiben schneiden und warm mit Remoulade servieren.

Zubereitungszeit 30 Minuten
(plus Ruhe- und Backzeit)
Pro Portion ca. 1063 kcal/4463 kJ
74 g E · 41 g F · 98 g KH

Böhmische Risolen

Zutaten für 30 Stück

8 Eier, 305 g Mehl, 170 g Butter, 50 g saure Sahne, Salz, 1/2 El Zitronensaft, 1 Zwiebel, 30 g Butterschmalz, 500 g gemischtes Hackfleisch, 250 ml Fleischbrühe, Saft und abgeriebene Schale von 1/2 unbehandelten Zitrone, 125 ml Weißwein, Pfeffer, geriebene Muskatnuss, Fett zum Ausbacken

1 4 Eier trennen. Das Eiweiß steif schlagen. Eischnee, Eigelb, 275 g Mehl, 140 g Butter, saure Sahne, Salz und Zitronensaft mischen und zu einem festen Teig verarbeiten. Den Teig in Folie wickeln und etwa 60 Minuten ruhen lassen.

2 Zwiebel schälen und fein hacken. Das Butterschmalz in einer Pfanne erhitzen und die Zwiebel darin andünsten. Das Hackfleisch zugeben und gut anbraten.

3 In einem Topf die restliche Butter erhitzen und mit 30 g Mehl eine Mehlschwitze herstellen. Mit der Fleischbrühe ablöschen und andicken. Mehlschwitze, Zitronensaft und -schale, Wein und Gewürze zur Fleischmasse geben und unterrühren.

4 Pfanne vom Herd nehmen. 3 Eier verquirlen und unter die Mischung heben. Stocken lassen.

5 Den Teig dünn ausrollen, zusammenklappen und weitere 15 Minuten kühl stellen. Dann erneut ausrollen und in 4 x 10 cm große Streifen schneiden. Die Fleischfüllung auf die Hälfte der Teigstreifen verteilen, mit den restlichen Teigstreifen bedecken. Die Ränder gut andrücken. Mit restlichem verquirltem Ei bestreichen und in heißem Fett goldbraun ausbacken.

Zubereitungszeit 40 Minuten
(plus Ruhe- und Ausbackzeit)
Pro Stück ca. 119 kcal/501 kJ
6 g E · 7 g F · 7 g KH

Suppen und Eintöpfe

Bohnengulasch

Zutaten für 4 Personen

300 g getrocknete weiße Bohnen, 1 Bund Suppengrün, 300 g Schweinefleisch, 2 Zwiebeln, 1 Knoblauchzehe, 50 g Butterschmalz, 30 g Mehl, Salz, Pfeffer, 1/2 Tl Paprikapulver

1 Die Bohnen waschen und über Nacht in reichlich Wasser einweichen. Die Bohnen anschließend im Einweichwasser etwa 50 Minuten garen. Das Suppengemüse putzen, schälen und klein schneiden. Nach etwa 20 Minuten zu den Bohnen geben.

2 Das Fleisch in Würfel schneiden und salzen. Zwiebeln und Knoblauch schälen und hacken. Das Butterschmalz in einem Topf erhitzen und beides darin andünsten. Die Fleischwürfel zugeben, etwas Wasser angießen und abgedeckt etwa 45 Minuten köcheln.

3 Das Fleisch nach der Garzeit aus dem Topf nehmen, den Bratensaft mit Mehl bestäuben, mit etwas Wasser verdünnen und unter Rühren aufkochen, bis die Sauce andickt. Die Bohnen und das Fleisch untermischen. Den Bohnengulasch mit Salz, Pfeffer und Paprika abschmecken.

Zubereitungszeit 30 Minuten
(plus Einweich- und Garzeit)
Pro Portion ca. 250 kcal/1050 kJ
24 g E · 8 g F · 22 g KH

Knoblauchsuppe

Zutaten für 4 Personen

200 g Kasseler, 1 l Fleischbrühe, 1 große Zwiebel, 3 Knoblauchzehen, 1/2 Stange Porree, 3 große Kartoffeln, 2 El Öl, Salz, Pfeffer, Majoran

1 Den Kasseler in Würfel schneiden. In einem Topf die Fleischbrühe erhitzen und die Fleischwürfel darin aufkochen.

2 Zwiebel und Knoblauch schälen und fein hacken. Den Porree waschen und in dünne Ringe schneiden. Die Kartoffeln schälen und in kleine Würfel schneiden.

3 In einem weiteren Topf das Öl erhitzen und die Zwiebel darin andünsten. Mit der Kasseler-Flüssigkeit ablöschen. Fleisch, Knoblauch, Porree und Kartoffelstückchen hinzugeben.

4 Den Eintopf etwa 20 Minuten kochen. Mit Salz, Pfeffer und Majoran abschmecken. Dazu frisches Graubrot und Bier servieren.

Zubereitungszeit 20 Minuten
(plus Kochzeit)
Pro Portion ca. 234 kcal/983 kJ
13 g E · 9 g F · 26 g KH

Kartoffelsuppe

Zutaten für 4 Personen

20 g getrocknete Wildpilze, 600 g Kartoffeln, 200 g Suppengemüse, 1 Zwiebel, 80 g Butter, 5 El Mehl, 2 Knoblauchzehen, Salz, 1 Tl edelsüßes Paprikapulver, 1 El frischer Majoran, 2 El frisch gehackte Petersilie zum Bestreuen

1 Die Pilze in heißem Wasser einweichen. Die Kartoffeln schälen und in Würfel schneiden. Das Suppengemüse putzen, schälen und in kleine Stücke schneiden. Die Zwiebel schälen und hacken.

2 Die Butter in einem Topf erhitzen, das Mehl einrühren und unter Rühren eine Mehlschwitze herstellen. Nach und nach etwa 1,3 l Wasser zufügen und unter Rühren die Suppe sämig werden lassen.

3 Knoblauchzehen schälen und fein hacken. Knoblauch, Kartoffeln, Gemüse, Pilze mit dem Einweichwasser, Salz, Paprika und Majoran in den Topf geben und alles ca. 20 Minuten köcheln lassen.

4 Die Kartoffelsuppe abschmecken und mit Petersilie bestreut servieren.

Zubereitungszeit 30 Minuten
(plus Kochzeit)
Pro Portion ca. 188 kcal/791 kJ
5 g E · 5 g F · 30 g KH

Gemüsesuppe mit Räucherfleisch

Zutaten für 4 Personen

1 Zwiebel, 2 El Butter, 1,5 l Gemüsebrühe, 500 g Räucherfleisch, 1 Nelke, 1 kleiner Kopf Weißkraut, 1 Sellerieknolle, 3 Möhren, 1 grüne Paprikaschote, 1 Prise gemahlener Ingwer, 1 Prise Piment, Salz, Pfeffer

1 Die Zwiebel schälen und in Ringe schneiden. Die Butter in einem Topf erhitzen und die Zwiebelringe darin andünsten. Mit der Brühe ablöschen. Das Räucherfleisch und die Nelke in den Topf geben und etwa 60 Minuten köcheln.

2 Inzwischen das Weißkraut putzen, waschen und fein hobeln oder schneiden. Den Sellerie und die Möhren putzen, schälen und grob reiben. Die Paprikaschote waschen, putzen und in Streifen schneiden.

3 Nach Ende der Garzeit das Fleisch aus dem Topf nehmen, abtropfen lassen und warm stellen. Das Gemüse in die Brühe geben und in etwa 15 Minuten garen.

4 Das Fleisch in mundgerechte Stücke schneiden und zurück in die Suppe geben. Mit Ingwer, Piment, Salz und Pfeffer abschmecken.

Zubereitungszeit 30 Minuten
(plus Garzeit)
Pro Portion ca. 230 kcal/969 kJ
24 g E · 11 g F · 9 g KH

Sauerkrautsuppe

Zutaten für 4 Personen

40 g Speck, 1 mittelgroße Zwiebel, 1 l Gemüsebrühe, 250 g Sauerkraut, 2 große Kartoffeln, Salz, Kümmel, edelsüßes Paprikapulver, 2 El Mehl, 3 El Schmand

1 Den Speck in Würfel schneiden. Die Zwiebel schälen und fein hacken. Den Speck in einer Pfanne auslassen. Die Zwiebel zugeben und im Speckfett andünsten.

2 Die Gemüsebrühe in einen großen Topf geben. Speck, Zwiebeln und Sauerkraut hinzufügen.

3 Die Kartoffeln schälen und in Würfel schneiden. In die Suppe geben und mit Salz, Kümmel und Paprikapulver würzen. Die Suppe etwa 30 Minuten köcheln.

4 Das Mehl mit etwas kaltem Wasser verrühren und die Suppe damit anschließend unter Rühren binden. Nochmals abschmecken, den Schmand hinzufügen und servieren. Zur Sauerkrautsuppe frisches Kümmel- oder Graubrot reichen.

Zubereitungszeit 30 Minuten
(plus Garzeit)
Pro Portion ca. 127 kcal/531 kJ
5 g E · 3 g F · 17 g KH

Eintropfsuppe

Zutaten für 4 Personen

200 g Mehl, 250 ml Milch, 3 Eier, 1 El Öl, Salz, Muskat, 1 l Gemüse- oder Hühnerbrühe

1 Das Mehl in eine Schüssel geben und nacheinander unter Rühren Milch, Eier und Öl hinzufügen. Es dürfen keine Klümpchen entstehen. Die Masse zu einem glatt Teig verrühren und mit Salz und Muskat abschmecken.

2 In einem Topf 1 l Wasser zum Kochen bringen. Den Teig mit Hilfe einer Reibe und einem Teigschaber in das Wasser reiben („hineintropfen" lassen).

3 Einmal kurz aufkochen lassen. Wenn sie an der Oberfläche schwimmen, die Teigwaren mit einem Schaumlöffel herausholen und in einem Sieb abtropfen lassen.

4 Die Gemüse- oder Hühnerbrühe erhitzen und die fertigen „Eingetropften" darin servieren.

Zubereitungszeit 20 Minuten
(plus Garzeit)
Pro Portion ca. 280 kcal/1176 kJ
13 g E · 8 g F · 39 g KH

Fleckerlsuppe

Zutaten für 4 Personen

4 Eier, 40 g Butter, 1 Tl Salz, 1 Tl edelsüßes Paprikapulver, 2 El frisch gehackter Schnittlauch, 1 Prise getrocknetes Liebstöckel, 1 Prise geriebene Muskatnuss, 2 El Quark, 2 El Mehl, 1 El Milch, 1 l Fleischbrühe, 1 El frisch gehackte Petersilie zum Bestreuen

1 2 Eier in etwa 10 Minuten hart kochen. Die Butter in einem Topf erhitzen. Eier abschrecken, pellen und durch ein Sieb streichen.

2 Eipaste mit der Butter verrühren und mit Salz, Paprika, Schnittlauch, Liebstöckel und Muskat würzen.

3 Die rohen Eier zufügen und die Masse schaumig rühren. Dann Quark, Mehl und Milch hinzufügen und alles zu einem festen Teig verrühren.

4 In einem Topf Wasser zum Kochen bringen. Vom Teig kleine Klößchen abstechen und im Wasser etwa 15 Minuten ziehen lassen. Dann mit einer Schaumkelle herausnehmen.

5 Die Fleischbrühe erhitzen und die Fleckerln darin servieren. Mit frisch gehackter Petersilie bestreuen und frisches Brot dazu reichen.

Zubereitungszeit 20 Minuten
(plus Garzeit)
Pro Portion ca. 185 kcal/777 kJ
9 g E · 15 g F · 3 g KH

Leberklößchensuppe

Zutaten für 4 Personen

2 Brötchen vom Vortag, 200 ml Milch, 1 Zwiebel, 100 g Rinderleber, 3 El Butter, 1 Knoblauchzehe, 2 Eier, 1 El frisch gehackte Petersilie, 1 Prise Majoran, 1 El frisch gehackte Petersilie, Salz, Pfeffer, 1 El Mehl, 1 l Fleischbrühe

1 Die Brötchen in der Milch einweichen. Die Zwiebel schälen und fein hacken. Die Rinderleber durch den Fleischwolf drehen oder fein hacken.

2 Die Butter in einem Topf erhitzen und die Zwiebel darin andünsten. Abkühlen lassen. Die eingeweichten Brötchen gut ausdrücken. Knoblauch schälen und hacken.

3 Alle Zutaten und Gewürze, bis auf die Brühe, gut miteinander vermengen und zu einem glatten Teig verarbeiten.

4 Die Fleischbrühe in einem Topf erhitzen. Mit Teelöffeln kleine Leberklößchen abstechen und in der Fleischbrühe köcheln, bis sie nach oben steigen. Sofort servieren.

Zubereitungszeit 25 Minuten
(plus Garzeit)
Pro Portion ca. 166 kcal/699 kJ
11 g E · 7 g F · 15 g KH

Kaiserschöberl in der Brühe

Zutaten für 4 Personen

50 g Butter, 3 Eier, 1 Prise, Salz, 3 El Mehl, Milch, Fett für die Form, 1 l Hühnerbrühe, 2 El Schnittlauchröllchen

1 Den Backofen auf 200 °C (Umluft 180 °C) vorheizen. Die Butter in einer Schüssel schaumig rühren.

2 Die Eier trennen. Die Eigelb nacheinander zur Butter geben und unterrühren. Salz und Mehl zugeben und so viel Milch, dass ein cremiger Teig entsteht. Die Eiweiß steif schlagen und zuletzt unter den Teig heben.

3 Eine Auflaufform einfetten. Den Teig gut 2 cm hoch darin verteilen und glatt streichen. Im Ofen etwa 10 Minuten backen.

4 Den Teig in Würfel schneiden und in der erhitzten Hühnerbrühe servieren. Mit Schnittlauchröllchen garnieren.

Zubereitungszeit 20 Minuten
(plus Backzeit)
Pro Portion ca. 116 kcal/488 kJ
7 g E · 10 g F · 1 g KH

Wurzelsuppe mit Ochsenfleisch

Zutaten für 4 Personen

500 g Ochsenschwanz, 1/2 Tl Salz, 500 g Kartoffeln, 300 g Möhren, 250 g Sellerie, 2 Zwiebeln, 1 Knoblauchzehe, 50 g Butterschmalz, 2 El frisch gehacktes Liebstöckel, 2 El frisch gehackte Petersilie, 1 Tl getrockneter Majoran, 1/2 Tl Pfeffer

1 Das Fleisch in 1,5 l Wasser mit Salz etwa 2 Stunden garen, bis es weich ist und sich gut von den Knochen lösen lässt.

2 Inzwischen die Kartoffeln schälen und würfeln. Das Wurzelgemüse putzen und schälen, anschließend ebenfalls in Würfel schneiden. Die Zwiebeln und den Knoblauch schälen und hacken.

3 Das Fleisch nach Ende der Garzeit aus dem Topf nehmen und beiseite stellen.

4 Das Butterschmalz in einem Topf erhitzen, Zwiebel und Knoblauch darin andünsten. Mit der Fleischbrühe ablöschen. Kartoffeln und Wurzelgemüse sowie Kräuter und Pfeffer zugeben und alles etwa 20 Minuten garen.

5 Das Fleisch von den Knochen lösen und klein schneiden. In die Wurzelsuppe geben und servieren. Dazu kräftiges Brot mit Butter und ein Bier reichen.

Zubereitungszeit 30 Minuten
(plus Garzeit)
Pro Portion ca. 470 kcal/1974 kJ
30 g E · 28 g F · 25 g KH

Gemüse und Beilagen

Erbsen

Zutaten für 4 Personen

300 g gelbe ungeschälte Erbsen, 150 g Butter, 30 g Paniermehl, 2 Zwiebeln, Salz

1 Die Erbsen waschen und über Nacht einweichen. Anschließend im Einweichwasser in etwa 30 Minuten garen. Die leeren Hülsen abschöpfen. Den Backofen auf 180 °C (Umluft 160 °C) vorheizen. Erbsen abgießen und abtropfen lassen.

2 50 g Butter in einer Pfanne schmelzen und das Paniermehl darin anrösten. Die Zwiebeln schälen und in Ringe schneiden. 80 g Butter in einer zweiten Pfanne erhitzen und die Zwiebelringe darin anschmoren.

3 Eine Auflaufform mit dem restlichen Fett ausstreichen. Die Erbsen etwa 3 cm hoch hineinschichten und salzen. Brösel und Zwiebelringe darüber geben und alles im Ofen etwa 20 Minuten backen. Die gebackenen Erbsen zu gebratenem Fleisch servieren.

Zubereitungszeit 20 Minuten
(plus Einweich-, Gar- und Backzeit)
Pro Portion ca. 282 kcal/1186 kJ
6 g E · 21 g F · 16 g KH

Specklinsen

Zutaten für 4 Personen

500 g Linsen, Salz, 1 Zwiebel, 1 Lorbeerblatt, 250 g Dörrfleisch, Pfeffer, 3 El Rotwein, Pfeffer, 1 Spritzer Essig

1 Die Linsen waschen und über Nacht in Wasser einweichen. Am nächsten Tag die Linsen im Einweichwasser mit etwas Salz zum Kochen bringen. Nach Bedarf Wasser zufügen.

2 Die Zwiebel schälen und in Würfel schneiden. Mit dem Lorbeerblatt zu den Linsen geben und alles etwa 45 Minuten garen, bis die Flüssigkeit verkocht ist.

3 Das Dörrfleisch in kleine Würfel schneiden. In einer Pfanne knusprig ausbraten. Dörrfleischwürfel zu den gegarten Linsen geben. Rotwein unterrühren, mit Pfeffer und Essig abschmecken. Die Specklinsen zu Wildgeflügel servieren.

Zubereitungszeit 20 Minuten
(plus Einweich-, Gar- und Bratzeit)
Pro Portion ca. 229 kcal/961 kJ
22 g E · 5 g F · 24 g KH

Knödel

Zutaten für 12 Stück

4 altbackene Brötchen, 3 El Butter, 500 g Mehl, 250 ml Milch, 2 Eier, Salz, Pfeffer, Muskat

1 Die Brötchen in kleine Würfel schneiden.

2 Butter in einer Pfanne erhitzen und die Brötchenwürfel darin anrösten. Das Mehl in einer Schüssel mit Milch verrühren. Nach und nach die Eier zugeben und den Teig mit Salz, Pfeffer und Muskat würzen.

3 Die abgekühlten Brötchenwürfel untermengen und aus der Masse einen festen Teig bereiten. Aus dem Teig mit angefeuchteten Händen zwei längliche Laibe formen.

4 In einem großen Topf reichlich Wasser mit etwas Salz zum Kochen bringen. Die Teiglaibe hineingeben und darin bei geschlossenem Deckel etwa 20 Minuten garen. Nach 10 Minuten einen Kochlöffel zwischen Deckel und Topfrand stecken.

5 Die Teiglaibe aus dem Wasser nehmen und abtropfen lassen. Dann mit einem Messer oder Küchengarn in Scheiben schneiden. Böhmische Knödel schmecken am besten zu Braten.

Zubereitungszeit 30 Minuten
(plus Garzeit)
Pro Stück ca. 225 kcal/945 kJ
7 g E · 5 g F · 38 g KH

Kartoffelpuffer

Zutaten für 4 Personen

500 g Kartoffeln, 70 ml Milch, 4 El Mehl, 2 El Paniermehl, 1 Ei, 2 Tl Salz, 3 Knoblauchzehen, 1 Prise Pfeffer, 1 Tl Majoran, 6 El Öl

1 Die Kartoffeln schälen, waschen und reiben. Die Milch erhitzen und über die geriebenen Kartoffeln geben.

2 Mehl, Paniermehl, Ei, Salz, Pfeffer und Majoran hinzufügen und alles gut vermischen.

3 Die Knoblauchzehen schälen und fein hacken. Unter den Kartoffelteig rühren.

4 Etwas Öl in einer gusseisernen Pfanne erhitzen. Mit einem Esslöffel etwas Teig hineingeben und flach drücken. Den Kartoffelpuffer von beiden Seiten knusprig braten.

5 Aus dem restlichen Teig weitere Kartoffelpuffer backen und noch heiß mit Salat oder als Beilage zu Fleisch servieren.

Zubereitungszeit 30 Minuten
(plus Bratzeit)
Pro Portion ca. 170 kcal/710 kJ
5 g E · 4 g F · 29 g KH

Serviettenknödel

Zutaten für 4 Personen

10 Brötchen vom Vortag, 375 ml Milch, 100 g durchwachsener Speck, 4 große Eier, 100 g Mehl, 75 g Butter, Salz, 2 El frisch gehackte Petersilie

1 Die Brötchen in Würfel schneiden. Die Milch erhitzen und über die Brötchenwürfel geben und einweichen lassen. Den Speck würfeln und in einer Pfanne auslassen. Die Eier trennen.

2 Speckwürfel, Eigelb, Mehl und Butter zu den eingeweichten Brötchen geben und daraus einen festen Teig herstellen. Eiweiß steif schlagen und unterheben. Salz und Petersilie zufügen.

3 Die Teigmasse in eine kochfeste Serviette wickeln, die Enden mit einem Faden gut zubinden. In wenig gesalzenem, kochendem Wasser etwa 45 Minuten garen.

4 Nach der Garzeit Knödel aus der Serviette wickeln und vorsichtig in Scheiben schneiden. Zu gebratenem Fleisch oder Pilzgerichten servieren.

Zubereitungszeit 30 Minuten
(plus Brat- und Garzeit)
Pro Portion ca. 420 kcal/1764 kJ
13 g E · 23 g F · 25 g KH

Gefüllte Paprika

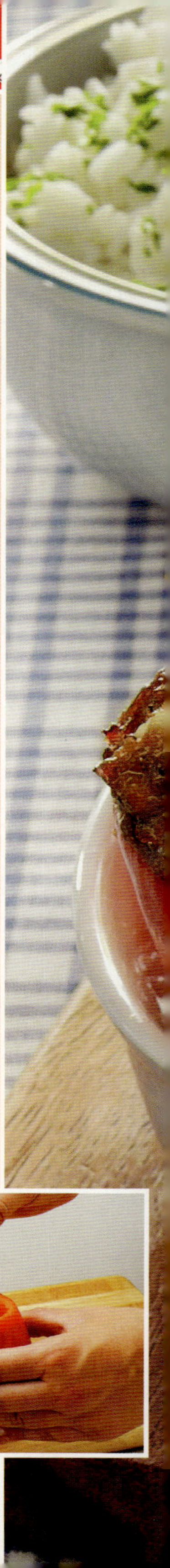

Zutaten für 4 Personen

1 Brötchen vom Vortag, 2 Zwiebeln, 2 Knoblauchzehen, 100 g Bauchspeck, 250 g Kalbshackfleisch, 1 Ei, Salz, Pfeffer, 1 Msp. getrockneter Majoran, 1 Msp. gemahlener Kümmel, 1/2 Tl edelsüßes Paprikapulver, 5 El Butterschmalz, 500 ml Tomatensaft, 1 El Essig, 1 Tl Zucker, 4 große Paprikaschoten

1 Das Brötchen in Wasser einweichen, anschließend gut ausdrücken. Zwiebeln und Knoblauch schälen und fein hacken. Den Bauchspeck in kleine Würfel schneiden.

2 Brötchen, 1 Zwiebel, Knoblauch und Speck mit dem Hackfleisch und dem Ei zu einem Fleischteig verarbeiten. Kräuter und Gewürze zufügen und pikant abschmecken.

3 2 El Butterschmalz in einem Topf erhitzen und die restliche Zwiebel darin andünsten. Mit Tomatensaft ablöschen. Die Sauce mit 1/2 Tl Salz, mit Pfeffer, Essig und Zucker abschmecken.

4 Die Paprikaschoten waschen und oben einen Deckel abschneiden. Die Schoten aushöhlen, die Fleischfüllung hineingeben und den Deckel wieder darauf setzen. Restliches Butterschmalz in einem zweiten Topf erhitzen und die Schoten darin anbraten.

5 Die Paprikaschoten in die Tomatensauce stellen und darin bei geschlossenem Topf etwa 30 Minuten garen. Mit Reis servieren.

Zubereitungszeit 30 Minuten
(plus Schmor- und Garzeit)
Pro Portion ca. 230 kcal/969 kJ
22 g E · 9 g F · 14 g KH

Krauttaschen

Zutaten für 4 Personen

1 kg Kartoffeln, 5 El Mehl, 3 Eier, Salz, 1/2 Tl geriebene Muskatnuss, 1 mittelgroßer Kopf Weißkraut, 6 El Butterschmalz, 1 El Zucker, 1/2 Tl Pfeffer, 3 El Weißwein, 3 El Paniermehl, 3 El Butter, Mehl zum Bearbeiten

1 Kartoffeln in der Schale in etwa 25 Minuten garen, abgießen, pellen und durch die Kartoffelpresse drücken. Kartoffelbrei mit Mehl, Eiern, Salz und Muskatnuss mischen und zu einem festen Teig verarbeiten.

2 Weißkraut putzen, waschen und fein hobeln. Butterschmalz in einem Topf erhitzen und den Zucker darin etwas karamellisieren lassen. Kraut hinzufügen, mit Salz und Pfeffer würzen und abgedeckt 20 Minuten schmoren lassen. Mit Wein ablöschen

3 Den Kartoffelteig auf bemehlter Fläche dünn ausrollen und daraus 8 x 8 cm große Quadrate schneiden. Die Krautfüllung darauf verteilen, zusammenklappen und die Ränder gut festdrücken.

4 Die Krauttaschen in kochendem Salzwasser etwa 15 Minuten garen. Das Paniermehl in der erhitzten Butter rösten und die Krauttaschen damit bestreuen.

Zubereitungszeit 30 Minuten
(plus Schmor- und Garzeit)
Pro Portion ca. 353 kcal/1481 kJ
13 g E · 12 g F · 47 g KH

Rotkraut

Zutaten für 4 Personen

1 Kopf Rotkraut (ca. 750 g), 3 El Rotweinessig, 3 El Zucker, 100 ml Rotwein, 1/2 Tl Salz, Pfeffer, 2 Gewürznelken, 150 g Räucherspeck

1 Das Rotkraut putzen, waschen und fein hobeln. Die harten Strünke werden nicht verwendet. Das Kraut in einer Schüssel mit Essig und Zucker mischen und etwas ruhen lassen.

2 Anschließend das Rotkraut in einen Topf geben, den Rotwein und die gleiche Menge Wasser zufügen und mit Salz, Pfeffer und Nelken würzen. Das Rotkraut etwa 25 Minuten garen.

3 Den Räucherspeck in feine Würfel schneiden. In einer Pfanne die Speckwürfel knusprig ausbraten. 10 Minuten vor Ende der Garzeit zum Rotkraut geben und mitschmoren.

4 Böhmisches Rotkraut zu Schweinebraten oder Gans servieren.

Zubereitungszeit 20 Minuten
(plus Schmor- und Garzeit)
Pro Portion ca. 125 kcal/523 kJ
9 g E · 3 g F · 12 g KH

Kürbisgemüse

Zutaten für 4 Personen
750 g Kürbisfleisch, 2 El Weinessig, 1 Tomate, 1 Zwiebel, 250 ml saure Milch (Milch 3 Tage an einem warmen Ort stehen lassen), 3 El Butter, 3 El Mehl, 2 El frisch gehackter Dill, 1 Msp. Paprikapulver, Salz, 50 g Schmand

1 Das Kürbisfleisch schälen, würfeln und reiben oder in feine Streifen schneiden. Mit dem Essig mischen und etwa 20 Minuten ziehen lassen. Kürbisfleisch gut ausdrücken und in einen großen Topf geben. Die Tomate waschen, vom Stielansatz befreien und vierteln. Zwiebel schälen und fein hacken.

2 Saure Milch und Tomatenviertel zum Kürbisfleisch geben und bei geschlossenem Deckel etwa 15 Minuten köcheln.

3 In einem zweiten Topf die Butter schmelzen, Zwiebel darin andünsten. Mehl darüber streuen und eine Mehlschwitze herstellen. Mit etwa 250 ml Wasser ablöschen und unter Rühren andicken. Dill einrühren und die Sauce zum Kürbis geben. Aufkochen, abschmecken und mit Schmand verfeinern.

Zubereitungszeit 25 Minuten
(plus Zeit zum Ziehen und Garen)
Pro Portion ca. 164 kcal/689 kJ
6 g E · 9 g F · 15 g KH

Sauerampfer mit Speck

Zutaten für 4 Personen

500 g Sauerampfer, 3 El Butter, 3 El Mehl, 75 g Räucherspeck, Salz, 5 El Crème fraîche

1 Den Sauerampfer verlesen, putzen und waschen. In einem Sieb mit kochendem Wasser überbrühen und anschließend fein hacken.

2 Die Butter in einem Topf erhitzen und das Mehl einrühren. Unter ständigem Rühren eine Mehlschwitze herstellen. Mit 250 ml Wasser ablöschen. Dann den Sauerampfer hinzufügen.

3 Den Speck in Streifen schneiden und zum Gemüse geben. Sauerampfer etwa 15 Minuten köcheln, dann mit Salz abschmecken und mit Crème fraîche verfeinern. Sauerampfer als Beilage zu gekochtem Rindfleisch servieren.

Zubereitungszeit 20 Minuten
(plus Garzeit)
Pro Portion ca. 159 kcal/668 kJ
7 g E · 12 g F · 6 g KH

Fleischgerichte

Wirsingrouladen

Zutaten für 6 Personen

1 kleiner Wirsingkopf, 1 rote Paprikaschote, 100 g Sellerie, 1 Zwiebel, 4 El Butterschmalz, 500 g gemischtes Hackfleisch, Salz, Pfeffer, 350 ml Gemüsebrühe, 3 El Sahne, 2 El Kapern, Thymian

1 Den Wirsing putzen, 12 schöne Blätter abtrennen und diese in kochendem Wasser etwa 2 Minuten blanchieren. Herausnehmen und eiskalt abschrecken.

2 Paprika putzen, Sellerie und Zwiebel schälen und alles mit 50 g Wirsing klein schneiden.

3 2 El Butterschmalz in einer Pfanne erhitzen. Das Gemüse darin andünsten, abkühlen lassen und unter das Hackfleisch geben. Mit Salz, Pfeffer und Thymian kräftig würzen.

4 Auf jedes Kohlblatt etwas von der Mischung geben, die Blätter zusammenrollen und mit Küchengarn verschließen. Die Rouladen im restlichen erhitzten Butterschmalz von allen Seiten gut anbraten. Mit Brühe ablöschen und abgedeckt etwa 15 Minuten köcheln.

5 Die Sauce mit der Sahne und den zerdrückten Kapern verfeinern und nochmals abschmecken. Zu Wirsingrouladen Kartoffeln oder Nudeln servieren.

Zubereitungszeit 30 Minuten
(plus Garzeit)
Pro Portion ca. 345 kcal/1449 kJ
26 g E · 25 g F · 5 g KH

Geselchtes

Zutaten für 4 Personen

250 ml Sahne, 250 g Rundkornreis, 6 Eigelb, 200 g Champignons, 250 g Kasseler, Salz, geriebene Muskatnuss, 200 ml Fleischbrühe, 2 El frisch gehackte Petersilie, Fett für die Form

1 Die Sahne in einem Topf erhitzen und den Reis darin in etwa 15 Minuten garen. Anschließend abkühlen lassen und mit dem Eigelb verrühren.

2 Den Backofen auf 200 °C (Umluft 180 °C) vorheizen. Die Pilze putzen, feucht abreiben und in Scheiben schneiden. Das Fleisch in Würfel schneiden.

3 Eine runde Auflaufform einfetten und abwechselnd Reis, Fleisch und Pilzscheiben einschichten, mit einer Schicht Reis abschließen. Mit Salz und Muskat würzen. Die Brühe darüber gießen.

4 Das Geselchte im Ofen etwa 20 Minuten backen. Mit Petersilie bestreut servieren.

Zubereitungszeit 30 Minuten
(plus Gar- und Backzeit)
Pro Portion ca. 665 kcal/2793 kJ
30 g E · 38 g F · 52 g KH

Schinkenfleckerl

Zutaten für 4 Personen

600 g Bandnudeln, 400 g gekochter Schinken, 4 Eier, 125 ml Milch, 1 Prise Pfeffer, 1 Tl Salz, 1/2 Tl geriebene Muskatnuss, 50 g Butter

1 In einem Topf reichlich Salzwasser zum Kochen bringen und die Nudeln darin nach Packungsanweisung garen. Anschließend abgießen und abtropfen lassen.

2 Den Backofen auf 200 °C (Umluft 180 °C) vorheizen. Eine feuerfeste Form einfetten und die Nudeln hineingeben.

3 Den Schinken in Würfel schneiden und mit den Nudeln vermischen. Die Eier mit Milch, Pfeffer, Salz und Muskatnuss verquirlen und über die Nudeln gießen.

4 Das Ganze im Ofen etwa 30 Minuten backen, nach 20 Minuten die Butter in Flöckchen darauf setzen. Mit frischem Salat servieren.

Zubereitungszeit 20 Minuten
(plus Gar- und Backzeit)
Pro Portion ca. 840 kcal/3528 kJ
47 g E · 25 g F · 106 g KH

Prager Schinken

Zutaten für 4 Personen

300 g Möhre, 200 g Sellerie , 1 Stange Porree, 3 Zwiebeln, 1,2 kg Schweineschinkenbraten mit Schwarte, Salz, Pfeffer, 3 El Butterschmalz, 1 Lorbeerblatt, 3 Nelken , 1/2 Tl Thymian, 1/2 Tl Rosmarin, 500 ml Fleischbrühe, 4 El Honig, 1 El Senf, 125 ml Bier, 30 g Butter

1 Möhre und Sellerie putzen, schälen und in Würfel schneiden. Den Porree putzen, gut waschen und in Ringe schneiden. Die Zwiebeln schälen und hacken. Das Fleisch mit Salz und Pfeffer einreiben. Die Schwarte rautenförmig einschneiden.

2 Den Backofen auf 200 °C (Umluft 180 °C) vorheizen. Das Butterschmalz in einem Bräter erhitzen und den Braten mit der Schwartenseite nach oben gut anbraten. Das Gemüse hinzufügen und einige Minuten mitschmoren.

3 Lorbeerblatt, Nelken und Kräuter zum Fleisch geben und die Fleischbrühe angießen. Den Bräter in den Ofen stellen und das Fleisch etwa 2 Stunden braten.

4 Inzwischen Honig, Senf und Bier miteinander mischen. Nach etwa 60 Minuten Garzeit die Schwarte mit der Mischung einstreichen. Diesen Vorgang mehrmals wiederholen, evtl. Flüssigkeit zugießen.

5 Den Braten aus dem Bräter nehmen und die Sauce durch ein Sieb streichen oder pürieren. Die Butter in Flöckchen einrühren und aufkochen lassen. Abschmecken und zum Prager Schinken reichen. Dazu Knödel und Gemüse servieren.

Zubereitungszeit 30 Minuten
(plus Schmor- und Bratzeit)
Pro Portion ca. 463 kcal/1943 kJ
67 g E · 17 g F · 7 g KH

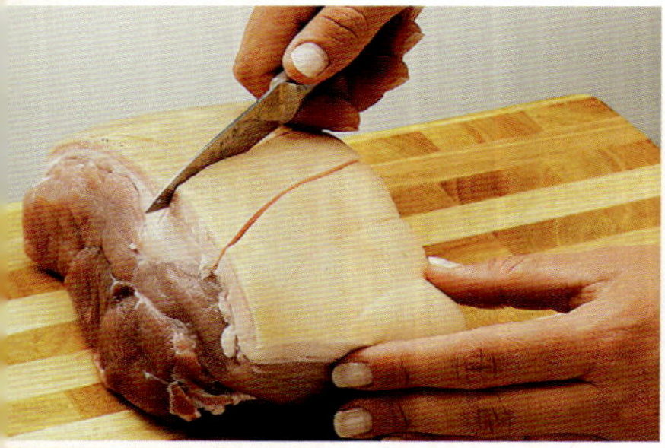

Bierfleisch

Zutaten für 4 Personen

750 g Schweinefleisch aus der Schulter, 1 El edelsüßes Paprikapulver, 3 Zwiebeln, 50 g Butterschmalz, 1 Tl Kümmel, 500 ml helles Bier, 1 Scheibe Schwarzbrot, Salz, Pfeffer

1 Das Fleisch in mundgerechte Würfel schneiden. Die Fleischwürfel in Paprikapulver wenden.

2 Die Zwiebeln schälen und hacken. Das Butterschmalz in einem Topf erhitzen und die Zwiebeln darin anschmoren. Die Fleischwürfel hinzufügen und von allen Seiten gut anbraten.

3 Den Kümmel und 250 ml Bier zugeben. Das Fleisch abgedeckt etwa 40 Minuten schmoren.

4 Das Schwarzbrot reiben und mit dem restlichen Bier zum Fleisch geben. Alles weitere 15 Minuten ohne Deckel schmoren, bis die Sauce dick eingekocht ist. Mit Salz und Pfeffer abschmecken. Dazu Kartoffeln reichen.

Zubereitungszeit 20 Minuten
(plus Schmor- und Garzeit)
Pro Portion ca. 435 kcal/1827 kJ
40 g E · 24 g F · 7 g KH

Gulasch

Zutaten für 4 Personen

500 g Zwiebeln, 4 El Butterschmalz, 1 kg Rindergulasch, 2 El scharfes Paprikapulver, 2 El edelsüßes Paprikapulver, 1 El Salz, 4 getrocknete Chilischoten, 1/2 Tl gemahlener Kümmel, 500 ml trockener Rotwein, 500 ml Sahne

1 Die Zwiebeln schälen und fein hacken. Das Butterschmalz in einem Bräter erhitzen und die Fleischwürfel darin von allen Seiten scharf anbraten. Die Zwiebeln zugeben und mitschmoren. Salzen und mit scharfem und süßem Paprikapulver würzen.

2 Chili fein hacken und mit dem Kümmel unter das Fleisch rühren. Mit dem Wein ablöschen und alles etwa 1 Stunde 20 Minuten garen, bis das Fleisch weich ist.

3 Die Sahne zugießen, aufkochen und die Sauce etwas einkochen lassen. Nach Bedarf abschmecken. Gulasch mit Semmelknödeln servieren.

Zubereitungszeit 20 Minuten
(plus Schmorzeit)
Pro Portion ca. 750 kcal/3150 kJ
53 g E · 51 g F · 11 g KH

Lammrücken mit Bohnen

Zutaten für 4 Personen

2 Möhren, 2 Zwiebeln, 1 Knoblauchzehe, 1 kg Lammrücken mit Knochen, Salz, Pfeffer, 1 Tl Rosmarin und Thymian, 125 ml Lammfond, 400 g grüne Bohnen, 125 g Räucherspeck, 10 g Butterschmalz

1 Die Möhren putzen, schälen und in Würfel schneiden. Zwiebeln und Knoblauch schälen. 1 Zwiebel vierteln, die zweite Zwiebel fein hacken. Den Knoblauch fein hacken. Den Backofen auf 200 °C (Umluft 180 °C) vorheizen.

2 Die Fettschicht des Lammrückens kreuzweise einschneiden. Mit Salz, Pfeffer und getrockneten Kräutern einreiben. Lammrücken in einen großen Bräter geben, Möhren und Zwiebelviertel zufügen. Im Backofen etwa 45 Minuten braten. Nach etwa 20 Minuten Bratzeit etwas Fond angießen.

3 Die grünen Bohnen putzen, waschen und in kochendem Salzwasser 15 Minuten garen. Abgießen und abtropfen lassen. Speck in etwa 6–8 Scheiben schneiden. Die Bohnen bündeln und mit je einer Scheibe Speck umwickeln.

4 Das Butterschmalz in einer Pfanne erhitzen und die Zwiebel darin glasig dünsten. Die Bohnenpäckchen zugeben und einige Minuten braten. Herausnehmen und warm stellen.

5 Den Lammrücken aus dem Bräter nehmen und warm stellen. Den Bratenfond abgießen und pürieren. Den Bratensatz mit dem restlichen Fond lösen. Mit dem pürierten Bratenfond aufkochen und würzen.

6 Das Lammfleisch vom Knochen lösen und mit den grünen Bohnen und der Sauce servieren. Dazu Kartoffeln reichen.

Zubereitungszeit 40 Minuten
(plus Schmor-, Gar- und Bratzeit)
Pro Portion ca. 473 kcal/1985 kJ
81 g E · 12 g F · 8 g KH

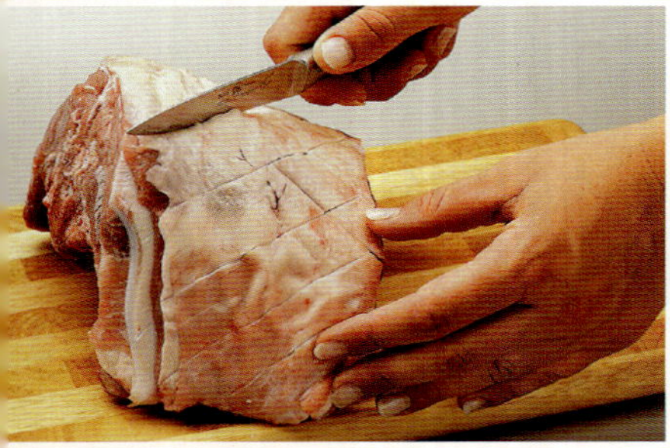

Schwalbennester

Zutaten für 4 Personen

4 Eier, 4 Kalbsschnitzel, , Salz, Pfeffer, 4 Scheiben Räucherspeck, 3 El Butter, 100 ml Fleischbrühe, 75 g Schmand

1 Die Eier in etwa 10 Minuten hart kochen. Abgießen, abschrecken und pellen.

2 Die Kalbsschnitzel flach klopfen. Mit Salz und Pfeffer einreiben und mit je einer Scheibe Speck belegen. Pro Schnitzel 1 ganzes Ei darauf legen. Die Schnitzel zusammenrollen und mit Rouladennadeln oder Holzspießen zusammenstecken.

3 Die Butter in einer Pfanne erhitzen und die gerollten Schnitzel darin von allen Seiten gut anbraten. Mit Brühe ablöschen und abgedeckt etwa 35 Minuten garen, bis das Fleisch weich ist.

4 Die Sauce mit Schmand verfeinern und mit Salz und Pfeffer abschmecken. Die heißen Schwalbennester mit Kartoffelpüree und Salat servieren. Kalt aufschneiden und dazu Mayonnaise reichen.

Zubereitungszeit 25 Minuten
(plus Brat- und Garzeit)
Pro Portion ca. 335 kcal/1407 kJ
38 g E · 20 g F · 1 g KH

Würzfleisch

Zutaten für 4 Personen

1 kg Ochsenfleisch, Salz, Pfeffer, 110 g Mehl, 3 El Butterschmalz, 1 Zwiebel, 1 Lorbeerblatt, 2 Nelken, 1 Tl Pfefferkörner, 1 Tl edelsüßes Paprikapulver, 100 g Schmand, 2 El Portwein

1 Das Fleisch in etwa 2 cm dicke Scheiben schneiden. Mit Salz und Pfeffer würzen und in 100 g Mehl wenden.

2 Das Butterschmalz in einer Pfanne erhitzen und die Fleischscheiben von allen Seiten gut anbraten. Die Zwiebel schälen und fein hacken. Fleisch aus der Pfanne nehmen und die Zwiebel im Fett andünsten.

3 Fleisch und Gewürze zurück in die Pfanne geben und mit 500 ml kochendem Wasser übergießen. Abgedeckt etwa 30 Minuten garen.

4 Schmand und restliches Mehl verrühren und die Sauce damit binden. Mit Portwein und Gewürzen abschmecken.

Zubereitungszeit 30 Minuten
(plus Schmor- und Garzeit)
Pro Portion ca. 705 kcal/2961 kJ
54 g E · 44 g F · 22 g KH

Rindsrouladen

Zutaten für 4 Personen

4 Rinderrouladen, Salz, Pfeffer, 2 El Senf, 125 g Speck, 2 Brötchen vom Vortag, 1 Zwiebel, 500 g Kalbshackfleisch, 2 Eier, 2 El frisch gehackte Petersilie, 3 El Butterschmalz, 1 El Mehl, 100 g saure Sahne

1 Die Rouladen mit Salz und Pfeffer einreiben und mit Senf bestreichen. Den Speck in Scheiben oder dünne Streifen schneiden. Die Brötchen einweichen. Die Zwiebel schälen und fein hacken.

2 Das Hackfleisch mit Zwiebeln, Eiern, Petersilie und den ausgedrückten Brötchen vermischen und kräftig mit Salz und Pfeffer würzen.

3 Die Hackfleischmasse auf den Rouladen verteilen und diese zusammenrollen. Mit Rouladennadeln feststecken.

4 Das Fett in einer Pfanne erhitzen und die Rouladen darin von allen Seiten gut anbraten. Speck dazulegen und anbraten. Anschließend den Speck auf die Rouladen legen, etwas Wasser angießen und das Fleisch abgedeckt etwa 40 Minuten schmoren.

5 Rouladen aus der Pfanne nehmen und warm stellen. Die Sauce mit Mehl binden und mit der sauren Sahne vermischen. Abschmecken. Rouladen ganz oder aufgeschnitten servieren.

Zubereitungszeit 30 Minuten
(plus Schmor- und Garzeit)
Pro Portion ca. 608 kcal/2552 kJ
68 g E · 30 g F · 16 g KH

Falsche Kalbskoteletts

Zutaten für 4 Personen

500 g Kalbfleisch, 1 Tl Salz, 1 Tl Pfeffer, etwas abgeriebene Schale von einer unbehandelten Zitrone, 1 El frisch gehackte Petersilie, 5 Eier, Paniermehl, 3 El Butterschmalz

1 Das Kalbfleisch durch den Fleischwolf drehen. Das gehackte Fleisch in einer Schüssel mit Salz, Pfeffer, Zitronenschale, Petersilie und 4 Eiern mischen. Das restliche Ei verquirlen.

2 Aus dem Fleisch 4 gleichmäßige Stücke (Koteletts) formen und zuerst in dem verquirltem Ei, dann in Paniermehl wenden.

3 Butterschmalz in einer Pfanne erhitzen und die falschen Koteletts darin von beiden Seiten knusprig braten. Dazu frisches Gemüse und Bratkartoffeln servieren.

Zubereitungszeit 25 Minuten
(plus Bratzeit)
Pro Portion ca. 237 kcal/993 kJ
27 g E · 13 g F · 3 g KH

Rinderfilet mit Meerrettichsauce

Zutaten für 4 Personen

750 g Rinderfilet, 1 Zwiebel, 1 Petersilienwurzel, 1 Möhre, 3 El Butter, 1 Tl Salz, 15 Pfefferkörner, 500 ml Fleischbrühe, 1 gehäufter El Mehl, 2 El Merrettich aus dem Glas

1 Das Rinderfilet von Haut und Sehnen befreien. Die Zwiebel schälen und fein würfeln. Die Petersilienwurzel und die Möhre putzen, schälen und würfeln.

2 Die Butter in einem Topf erhitzen und Zwiebel, Petersilienwurzel und Möhre darin andünsten.

3 Fleisch zugeben und anschmoren. Salz und Pfefferkörner hinzufügen, etwas Brühe angießen und das Fleisch abgedeckt etwa 30 Minuten köcheln. Nach Bedarf Brühe nachfüllen.

4 Fleisch aus dem Topf nehmen und warm stellen. Die Sauce durch ein Sieb passieren, aufkochen und mit Mehl binden. Mit Meerrettich abschmecken. Das Rinderfilet in Scheiben schneiden und mit Meerrettichsauce und Kartoffeln servieren.

Zubereitungszeit 25 Minuten
(plus Schmor- und Garzeit)
Pro Portion ca. 288 kcal/1208 kJ
42 g E · 11 g F · 5 g KH

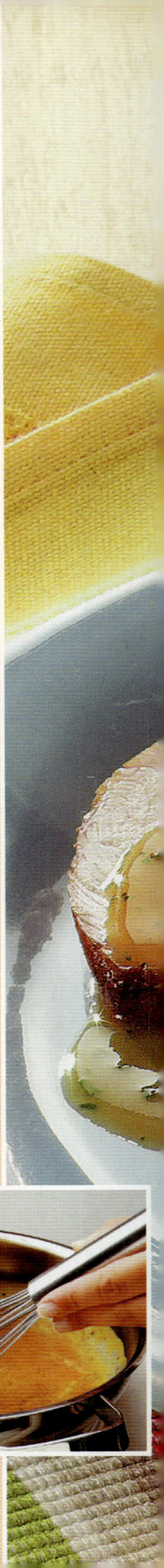

Schweinebraten

Zutaten für 4 Personen

800 g Schweinenacken, Salz, gemahlener Kümmel, 1/2 Tl edelsüßes Paprikapuler, 1 El Senf, 250 ml helles Bier, je eine Messerspitze Majoran und Thymian,

1 Das Fleisch mit Salz, Kümmel und Paprikapulver einreiben.

2 Aus Senf, Bier und den Kräutern eine Marinade herstellen. Das Fleisch abgedeckt in der Marinade einige Stunden im Kühlschrank ziehen lassen.

3 Inzwischen den Backofen auf 200 °C (Umluft 180 °C) vorheizen. Den Braten aus der Marinade nehmen und in die Fettpfanne des Backofens legen. Den Braten etwa 1 Stunde und 30 Minuten knusprig braten. Zwischendurch mehrmals mit der Marinade bestreichen.

4 Fleisch aus dem Ofen nehmen, in Scheiben schneiden und warm stellen. Den Bratenfond mit der restlichen Marinade aufkochen und über das Fleisch gießen. Dazu Böhmische Knödel und Rotkraut servieren.

Zubereitungszeit 20 Minuten
(plus Garzeit)
Pro Portion ca. 365 kcal/1533 kJ
42 g E · 20 g F · 2 g KH

Wild- und Geflügelgerichte

Wildschweinschinken

Zutaten für 4 Personen

1 Wildschweinschinken (ca. 800 g), Salz, Pfeffer, 1 Zwiebel, 1 Knoblauchzehe, 1,5 l Rotwein, 5 Wacholderbeeren, 1 Lorbeerblatt, 100 g Hagebuttenmark, 1 El Mehl, 5 El Schmand, Zucker nach Geschmack, 1 Tl frisch geriebener Meerrettich,

1 Den Schinken waschen, gut trockentupfen, mit Salz und Pfeffer einreiben und in einen großen Topf geben.

2 Zwiebel und Knoblauch schälen und fein hacken. Rotwein, Zwiebel, Knoblauch, Wacholderbeeren und Lorbeerblatt zum Schinken geben und diesen abgedeckt etwa 1 Stunde 20 Minuten garen. In der Flüssigkeit abkühlen lassen.

3 Hegebuttenmark in einem Topf erhitzen, 200 ml Kochsud vom Schinken hinzufügen. Das Mehl mit dem Schmand verrühren und die Sauce damit binden. Mit Zucker abschmecken.

4 Den Schinken in Scheiben schneiden, mit Meerrettich derkorieren und mit der Hagebuttensauce servieren. Dazu Nudeln reichen.

Zubereitungszeit 20 Minuten
(plus Garzeit)
Pro Portion ca. 553 kcal/2321 kJ
48 g E · 16 g F · 52 g KH

Wildpastete

Zutaten für 20 Stücke

500 g Wildbraten-Reste, 125 g Speck, 1 kleine Zwiebel, 4 Eier, 1 Tl Salz, 1 Tl Pfeffer, 3 El saure Sahne, 2 El Paniermehl, 2 Pakete TK-Blätterteig (à 450 g), 1 El Öl

1 Das Bratenfleisch und den Speck klein schneiden und durch den Fleischwolf drehen oder in der Küchenmaschine zerkleinern. Die Zwiebel schälen und fein hacken. 2 Eier trennen, Eiweiß anderweitig verwenden.

2 Fleischteig mit Eigelb, einem Ei, Zwiebel, Salz und Pfeffer mischen. Saure Sahne und Paniermehl unterrühren und einen geschmeidigen Teig herstellen. Den Blätterteig auftauen lassen.

3 Den Backofen auf 200 °C (Umluft 180 °C) vorheizen. Eine Kastenform mit Backpapier auslegen. Eine Portion Blätterteig ausrollen und die Form damit auskleiden. Der Teig mit etwas Öl bestreichen. Die Fleischmasse auf dem Teig verteilen. Die zweite Portion Blätterteig ausrollen und den Fleischteig damit abdecken. In die Teigoberfläche ein Loch stechen.

4 Die Pastete mit dem letzten verquirlten Ei bestreichen. Im Ofen etwa 30 Minuten backen.

Zubereitungszeit 30 Minuten
(plus Backzeit)
Pro Stück ca. 272 kcal/1142 kJ
9 g E · 2[illegible] g F · 13 g KH

Reh in Orangensauce

Zutaten für 4 Personen
2 Zwiebeln, 4 Möhren, 3 El Butter, 2 Lorbeerblätter, 3 Nelken, 10 Pfefferkörner, 1 l Rotweinessig, 1 l Rotwein, 1 Rehkeule (ca. 1,2 kg), 125 g Speck, Salz, Pfeffer, 100 g Butterschmalz, 5 Schalotten, 100 g roher Schinken, Saft von 2 Orangen, 1 Prise Cayennepfeffer, Zucker, 1 Tl scharfer Senf

1 Die Zwiebeln schälen und in Ringe schneiden. Möhren putzen, schälen und kleinschneiden. Die Butter in einem Topf erhitzen, Zwiebeln und die Hälfte der Möhren darin andünsten. Lorbeer, Nelken und Pfefferkörner zugeben und unterrühren. Mit Essig auffüllen und alles zur Hälfte einkochen lassen.

2 Rotwein und 1 l Wasser zugeben, aufkochen und um ein Drittel reduzieren. Sud durchsieben, abkühlen lassen und die Rehkeule darin 3 Tage einlegen.

3 Speck in dünne Streifen schneiden. Rehkeule aus der Beize nehmen, abtrocknen und mit den Speckstreifen spicken. Salzen und pfeffern und im heißen Butterschmalz gut anbraten. Schalotten schälen und würfeln, Schinken klein schneiden. Mit der restlichen Möhre hinzufügen und alles abgedeckt etwa 50 Minuten schmoren. Ab und zu Beize angießen.

4 Rehkeule aus dem Topf nehmen, Bratensud mit 300 ml Beize auffüllen, aufkochen und durch ein Sieb passieren. Orangensaft einrühren und die Sauce mit Cayennepfeffer, Zucker und Senf abschmecken. Rehkeule in Scheiben schneiden und mit Sauce servieren.

Zubereitungszeit 40 Minuten
(plus Marinier- und Schmorzeit)
Pro Portion ca. 520 kcal/2184 kJ
69 g E · 23 g F · 7 g KH

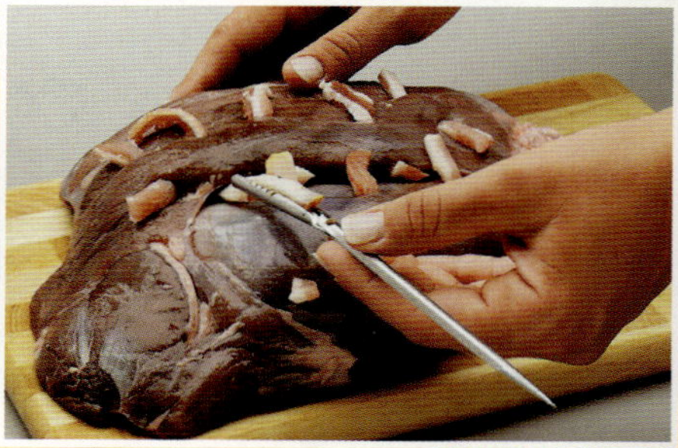

Hase in Rotwein

Zutaten für 4 Personen

1 küchenfertiger Hase, Salz, Pfeffer, 2 Zwiebeln, 2 grüne Paprikaschoten, 3 Tomaten, 100 g Butterschmalz, 2 Nelken, 1 l Rotwein, 2 El Mehl

1 Den küchenfertigen Hasen mit Salz und Pfeffer einreiben.

2 Die Zwiebeln schälen und klein schneiden. Paprikaschoten putzen, waschen, von Kernen und Stielansätzen befreien und würfeln. Die Tomaten kreuzweise einritzen, Stielansätze entfernen und Tomaten mit kochendem Wasser überbrühen. Anschließend häuten, entkernen und das Fruchtfleisch fein würfeln.

3 Das Butterschmalz in einem großen Bräter erhitzen. Die Zwiebeln darin andünsten. Übriges Gemüse, Nelken und den Hasen hineinlegen und gut anbraten. Mit so viel Wein auffüllen, bis der Hase fast vollständig bedeckt ist. Abgedeckt etwa 1 Stunde 30 Minuten schmoren. Hasen aus dem Topf nehmen. Bratensaft durch ein Sieb streichen.

4 Bratensatz mit restlichem Wein loskochen und zum Bratensaft geben. Mehl in Wasser einrühren und die Sauce damit binden. Den Hasen in Stücke schneiden und mit der Sauce servieren.

Zubereitungszeit 30 Minuten
(plus Zeit zum Ziehen und Schmorzeit)
Pro Portion ca. 125 kcal/525 kJ
10 g E · 7 g F · 6 g KH

Wildente mit Kirschsauce

Zutaten für 4 Personen

1 küchenfertige Wildente, Salz, Pfeffer, 50 g Butter, 250 g entsteinte Kirschen aus dem Glas mit Saft, 150 ml Sherry, Fett für den Bräter

1 Die Ente mit Salz und Pfeffer einreiben. Backofen auf 220 °C (Umluft 200 °C) vorheizen.

2 Einen großen Bräter einfetten. Die Ente mit der Butter bestreichen und in den Bräter legen. Etwas Wasser zugeben und im Ofen 60 Minuten braten. Währenddessen die Ente mehrmals mit Bratensaft bestreichen, bis die Entenhaut schön knusprig ist.

3 Ente aus dem Bräter nehmen und warm stellen. Den Bratensaft mit dem Kirschsaft loskochen, Sherry zufügen und die Sauce etwas einkochen lassen. Dann die Kirschen zugeben. Abschmecken.

4 Die Ente in Stücke schneiden und mit der Kirschsauce servieren. Dazu Petersilienkartoffeln und Rotkraut servieren.

Zubereitungszeit 20 Minuten
(plus Bratzeit)
Pro Portion ca. 199 kcal/834 kJ
7 g E · 10 g F · 13 g KH

Hasenrücken mit Zitrone

Zutaten für 4 Personen

1 Hasenrücken (ca. 600–800 g), Salz, Pfeffer, 1 Zwiebel, 2 Zitronen, 50 g Butterschmalz, 250 ml Fleischbrühe, 2 El frisch gehackte Petersilie

1 Den Hasenrücken mit heißem Wasser übergießen und etwa 20 Minuten darin ziehen lassen. Dann herausnehmen und gut trockentupfen. Mit Salz und Pfeffer einreiben und das Fleisch in Scheiben schneiden.

2 Die Zwiebel schälen und fein hacken. Die Zitronen auspressen. Die Fleischscheiben beidseitig mit Zitronensaft beträufeln und mit Zwiebeln belegen. Fleischscheiben aufeinander legen und 2 Stunden ruhen lassen.

3 Das Butterschmalz in einer Pfanne erhitzen und die Hasenrückenscheiben darin von beiden Seiten etwa 2 Minuten braten. Anschließend aus der Pfanne nehmen und warm stellen.

4 Den Bratensaft mit der Brühe ablöschen, aufkochen und etwas einkochen lassen. Abschmecken. Hasenscheiben mit Petersilie bestreut servieren. Die Sauce getrennt dazu reichen. Dazu schmecken Kartoffelbrei und Gemüse.

Zubereitungszeit 20 Minuten
(plus Ruhe- und Bratzeit)
Pro Portion ca. 247 kcal/1038 kJ
35 g E · 8 g F · 6 g KH

Fasan

Zutaten für 4 Personen

1 küchenfertiger Fasan, Salz, 2 El frisch gehackte Kräuter (Petersilie, Kerbel, Estragon), 1 El Butter, 150 g Bauchspeck, 1 Zwiebel, 250 ml Hühnerbrühe, 100 g Schmand

1 Den Fasan mit Salz einreiben. Die Kräuter mit der Butter vermischen und in den Bauch des Fasans geben.

2 Den Speck in dünne Scheiben schneiden und den Fasan damit umwickeln. Feststecken oder mit Küchengarn festbinden. Den Backofen auf 220 °C (Umluft 200 °C) vorheizen.

3 Die Zwiebel schälen und hacken. Die Hühnerbrühe mit der Zwiebel in einem Topf erhitzen. Den Fasan in einen Bräter legen, mit Brühe übergießen und im Ofen abgedeckt etwa 20 Minuten schmoren.

4 Den Deckel abnehmen und den Fasan weitere 15 Minuten braten. Währenddessen den Schmand dazugießen. Fasan in Rahm mit Preiselbeeren und frischen Pilzen servieren.

Zubereitungszeit 30 Minuten
(plus Koch- und Bratzeit)
Pro Portion ca. 202 kcal/849 kJ
16 g E · 15 g F · 2 g KH

Gebratene Tauben

Zutaten für 4 Personen

4 küchenfertige Tauben, Salz, Pfeffer, 1 Bund gemischte Kräuter, 40 g Butter, 50 g Schmand, 1 Tl Mehl

1 Die Tauben mit Salz und Pfeffer einreiben. Den Backofen auf 220 °C (Umluft 200 °C) vorheizen.

2 Jeder Taube einige Kräuter in den Bauch legen. Die Butter schmelzen und die Tauben damit übergießen. In einen Bräter legen und im Ofen etwa 30 Minuten abgedeckt schmoren. Dabei von Zeit zu Zeit mit Bratensaft übergießen.

3 Die Tauben ohne Deckel noch etwa 5–10 Minuten im Ofen braun werden lassen, dann herausnehmen. Den Bratensatz mit etwas Wasser aufkochen. Den Schmand mit Mehl verrühren und die Sauce damit binden.

4 Gebratene Tauben mit der Schmandsauce und Kartoffelpüree servieren. Dazu grüne Bohnen reichen.

Zubereitungszeit 20 Minuten
(plus Bratzeit)
Pro Portion ca. 398 kcal/1670 kJ
25 g E · 33 g F · 2 g KH

Gänsebraten

Zutaten für 4 Personen

10 Esskastanien mit Schale, 2 Brötchen vom Vortag, 150 ml Milch, 1 Gänseleber, 1 El frisch gehackte Petersilie, 1 Ei, Salz, Pfeffer, 1 küchenfertige Gans, 50 ml Sherry, Fett für den Bräter

1 Die Kastanien einritzen und auf der Herdplatte oder in einer Pfanne anbraten, bis die Schale aufplatzt. Die Kastanien schälen und im Mixer zerkleinern. Die Brötchen in der Milch einweichen.

2 Die Gänseleber pürieren und mit Kastanien und Petersilie mischen. Die Brötchen gut ausdrücken und zur Füllung geben, das Ei unterrühren und die Masse mit Salz und Pfeffer abschmecken. Den Backofen auf 200 °C (Umluft 180 °C) vorheizen.

3 Die Gans mit Salz und Pfeffer einreiben. Die Füllung hineingeben und die Gans mit Küchengarn zunähen. Einen Bräter einfetten und die Gans hineinlegen. Im Ofen etwa 1 Stunde 20 Minuten braten, bis sie schön knusprig ist. Dabei mehrmals mit Bratensaft übergießen.

4 Gans aus dem Bräter nehmen. Das Fett abschöpfen, den Bratensaft mit heißem Wasser ablöschen und mit etwas Sherry verfeinern. Gans zerteilen und mit der Sauce servieren. Dazu Rotkraut und Serviettenknödel reichen.

Zubereitungszeit 30 Minuten
(plus Bratzeit)
Pro Portion ca. 395 kcal/1659 kJ
17 g E · 16 g F · 43 g KH

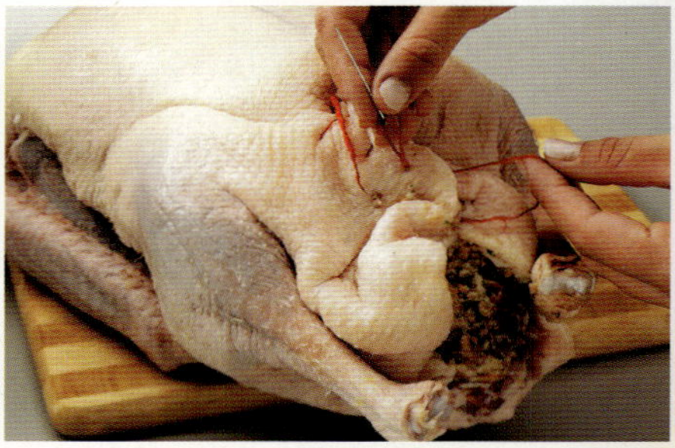

Huhn in Weißwein

Zutaten für 4 Personen

1 küchenfertiges Brathuhn (ca. 1,2 kg), 50 g Butter, 1 Bund Frühlingszwiebeln, 60 g Champignons, 3 Tomaten, 300 ml trockener Weißwein, Salz, Pfeffer, 1 Tl Mehl

1 Das Huhn in 4 Teile schneiden. Die Butter in einer Pfanne erhitzen und die Hühnerteile darin von allen Seiten anbraten.

2 Die Frühlingszwiebeln putzen, waschen und in Ringe schneiden. Die Pilze putzen, feucht abreiben und in Scheiben schneiden. Die Tomaten waschen, von den Stielansätzen befreien und achteln oder in Scheiben schneiden.

3 Frühlingszwiebeln, Pilze, Tomaten und Wein zum Huhn geben und aufkochen. Mit Salz und Pfeffer würzen, dann abgedeckt etwa 30 Minuten weich schmoren.

4 Hühnerteile aus der Pfanne nehmen. Mehl in etwas Wasser einrühren und den Bratensud damit binden. Hühnerteile zurück in die Pfanne geben und in der Sauce servieren. Dazu schmeckt Reis.

Zubereitungszeit 30 Minuten
(plus Schmorzeit)
Pro Portion ca. 500 kcal/2100 kJ
51 g E · 30 g F · 4 g KH

Hühnerragout

Zutaten für 4 Personen

1 Suppenhuhn (ca. 1,2 kg), 40 g Butter, 40 g Mehl, 500 ml Hühnerbrühe, 60 g Champignons, 120 g TK-Erbsen, 100 g Spargelspitzen (aus dem Glas), 3 Eigelb, 60 g saure Sahne, 80 ml Weißwein, Salz, Pfeffer, 1 El Zitronensaft, 2 El frisch gehackte Petersilie

1 Das Huhn in reichlich Salzwasser etwa 1 Stunde 20 Minuten weich kochen. Huhn aus der Brühe nehmen und abkühlen lassen. Das Hühnerfleisch von den Knochen lösen und klein schneiden.

2 Die Butter in einem Topf erhitzen. Mehl einrühren und daraus eine Mehlschwitze herstellen. Mit Hühnerbrühe ablöschen und unter Rühren aufkochen.

3 Pilze putzen und in Scheiben schneiden, Erbsen antauen lassen. Beides mit den abgetropften Spargelspitzen in die Sauce geben und 3 Minuten köcheln. Sauce mit Eigelb, saurer Sahne und Wein verfeinern und mit Salz, Pfeffer und Zitronensaft abschmecken.

4 Das Hühnerfleisch in die Sauce geben und die gehackte Petersilie unterrühren. Das Hühnerragout mit Reis servieren.

Zubereitungszeit 30 Minuten
(plus Koch- und Abkühlzeit)
Pro Portion ca. 675 kcal/2835 kJ
45 g E · 48 g F · 14 g KH

Paprikahähnchen

Zutaten für 4 Personen

1 Brathähnchen (ca. 1 kg), 3 Zwiebeln, 2 Tomaten, 1 Paprikaschote, 2 El Butterschmalz, 1 El edelsüßes Paprikapulver, 1 Tl Rosenpaprika, 2 Knoblauchzehen, 1 El Mehl, 200 ml Schlagsahne, Salz

1 Das Hähnchen in 4 Teile schneiden. Die Zwiebeln schälen und würfeln, die Tomaten vierteln, die Paprikaschote putzen, waschen, entkernen und in Streifen schneiden.

2 Das Butterschmalz in einer Pfanne erhitzen und die Zwiebeln darin andünsten. Paprikapulver und Hähnchenstücke zugeben, anbraten und salzen.

3 Die Knoblauchzehen schälen und fein hacken. Zu den übrigen Zutaten in die Pfanne geben, etwas Wasser angießen und alles abgedeckt etwa 30 Minuten schmoren.

4 Nach der Garzeit Paprikastreifen und Tomaten zum Huhn geben und weitere 10 Minuten schmoren. Dann das Fleisch aus der Sauce nehmen.

5 Das Mehl unter die Sahne rühren und die Sauce damit binden. Hühnchenteile zurück in die Sauce legen und alles noch einige Minuten köcheln. Das Paprikahähnchen mit Kartoffeln und Gurkensalat servieren.

Zubereitungszeit 25 Minuten
(plus Schmor- und Garzeit)
Pro Portion ca. 623 kcal/2617 kJ
53 g E · 42 g F · 8 g KH

Fischgerichte

Forelle in Butter

Zutaten für 4 Personen

4 küchenfertige Forellen, Salz, 1/2 Bund Dill, 50 g Butter, 75 g Mandelblättchen, 1/2 Bund Petersilie

1 Die Forellen vorbereiten, innen und außen mit Salz einreiben und einige Dillzweige in den Bauch legen.

2 Die Butter in einer Fischpfanne oder normalen Pfanne erhitzen und die Fische hineinlegen. Nacheinander von allen Seiten etwa 7 Minuten braten. Dabei die Pfanne immer etwas schütteln, damit die Fischhaut nicht anbackt.

3 Nach dem Wenden die Mandelblättchen mit in die Pfanne geben und goldgelb anrösten.

4 Die fertig gebratenen Forellen auf einer vorgewärmten Platte anrichten und mit der Butter und den Mandelblättchen belegen. Petersilie grob hacken und dekorativ dazu legen. Dazu Kartoffeln reichen.

Zubereitungszeit 15 Minuten
(plus Bratzeit)
Pro Portion ca. 320 kcal/1344 kJ
35 g E · 19 g F · 1 g KH

Karpfen aus dem Backofen

Zutaten für 4 Personen

1 küchenfertiger Karpfen, Salz, 500 g Kartoffeln, 1 Bund Frühlingszwiebeln, 1/2 Tl edelsüßes Paprikapulver, 150 g Schmand, 20 g Butter, Fett für die Form

1 Den Karpfen in Stücke schneiden. Anschließend den Fisch mit Salz einreiben.

2 Die Kartoffeln waschen, schälen und in dünne Scheiben schneiden. Die Frühlingszwiebeln putzen, waschen und in Röllchen schneiden. Den Backofen auf 220 °C (Umluft 200 °C) vorheizen. Einen Bräter mit Butter einfetten.

3 Die Hälfte der Frühlingszwiebeln in die Form geben, darüber die Kartoffelscheiben schichten. Alles mit Salz und etwas Paprikapulver bestreuen. Darauf die Fischscheiben legen und den Schmand darüber streichen.

4 Restliche Frühlingszwiebeln und Paprika darauf geben und mit Butterflöckchen belegen. Den Karpfen im Ofen etwa 60 Minuten backen. In der Form servieren.

Zubereitungszeit 30 Minuten
(plus Bratzeit)
Pro Portion ca. 413 kcal/1733 kJ
31 g E · 23 g F · 20 g KH

Forelle im Wurzelsud

Zutaten für 4 Personen

4 Forellenfilets (ca. 1,5 kg), Salz, Pfeffer, 1 El Zitronensaft, 200 g Möhren, 200 g Sellerie, 100 g Porree, 500 m l Gemüsebrühe, 250 ml Fischfond, 1 Schalotte, 1 Ei, 2 Eigelb, 125 ml Sherry, 4 El Butter

1 Forellenfilets mit Salz und Pfeffer einreiben und mit Zitronensaft beträufeln. Möhren und Sellerie schälen und in Streifen schneiden, den Porree gut putzen, waschen und ebenfalls in dünne Streifen schneiden.

2 Die Gemüsebrühe erhitzen und das Gemüse darin in 3–5 Minuten bissfest garen. Herausnehmen und warm stellen. Die Forellenfilets in die Brühe geben und etwa 15 Minuten darin garen.

3 Inzwischen den Fischfond um die Hälfte einkochen und abkühlen lassen. Die Schalotte schälen und fein hacken. Ei und Eigelbe in einer Metallschüssel verquirlen und im Wasserbad schaumig schlagen. Schalotte, Sherry und Fischfond zugeben und alles noch einige Minuten weiter rühren.

4 3 El Butter schmelzen und unter die Sauce heben. Mit Salz und Pfeffer abschmecken. Die Gemüsestreifen in der restlichen Butter schwenken. Forellenfilets aus dem Sud nehmen und auf dem Gemüse anrichten. Mit dem Sherryschaum überziehen.

Zubereitungszeit 40 Minuten
(plus Gar- und Kochzeit)
Pro Portion ca. 216 kcal/908 kJ
19 g E · 10 g F · 5 g KH

Fische im Teig

Zutaten für 4 Personen

800 g gemischtes küchenfertiges Weißfisch-Filet (z. B. Zander, Stör, Rotbarsch, Kabeljau), Salz, Pfeffer, 2 Eier, 125 ml Bier, 150 g Mehl, Butterschmalz zum Ausbacken

1 Das Fischfleisch waschen, in etwa 5 cm große Stücke schneiden und mit Salz und Pfeffer bestreuen.

2 Die Eier trennen. Eigelb mit dem Bier verquirlen und Mehl hinzufügen, salzen. Die Einweiß steif schlagen und unter den Bierteig heben.

3 In einer Pfanne das Butterschmalz erhitzen. Fischstücke erst durch den Bierteig ziehen, etwas abtropfen lassen, anschließend nacheinander im heißen Fett goldbraun ausbacken. Dazu Kartoffelsalat reichen.

Zubereitungszeit 20 Minuten
(plus Backzeit)
Pro Portion ca. 365 kcal/1533 kJ
46 g E · 8 g F · 27 g KH

Gespickter Hecht

Zutaten für 4 Personen

Hechtfilets (ca. 1,5 kg), Saft von 2 Zitronen, Salz, 150 g fetter Speck, 1/2 Bund Petersilie, 150 g Butter

1 Die Hechtfilets waschen und mit Zitronensaft einreiben. Anschließend von allen Seiten gut salzen. Den Backofen auf 200 °C (Umluft 180 °C) vorheizen.

2 Den Speck in sehr dünne Streifen schneiden. Den Hecht mit einem Messer etwas einritzen und mit den Speckstreifen spicken. Petersilienzweige in den Bauch stecken.

3 Die Butter in einem Topf schmelzen. Den Hecht mit der Bauchseite nach unten in einen Fischbräter legen und mit der Butter beträufeln. Im Ofen ca. 30 Minuten braten. Der Speck sollte knusprig sein. Den Fisch mehrmals mit Bratensaft begießen. Schnittlauch in Röllchen schneiden und den gegarten Hecht damit servieren.

4 Gespickten Hecht mit Petersilienkartoffeln und Gurkensalat servieren.

Zubereitungszeit 25 Minuten
(plus Bratzeit)
Pro Portion ca. 325 kcal, 1365 kJ
62 g E · 8 g F · 2 g KH

Fischgulasch

Zutaten für 4 Personen

1 küchenfertiger Stör (ca. 1 kg), 1 Tl Zitronensaft, Salz, 4 Kartoffeln, 1 Zwiebel, 1/2 Tl edelsüßes Paprikapulver, 3 El saure Sahne, 100 g frisch geriebener Gruyère, 20 g Butter, Paniermehl, 150 g Sahne, Fett für die Form

1 Den Fisch waschen, trocknen und mit Zitrone beträufeln. In dicke Scheiben schneiden und in wenig Salzwasser etwa 5 Minuten garen. Die Fischscheiben herausnehmen und abkühlen lassen. Anschließend von Haut und Gräten befreien. Fischscheiben in mundgerechte Stücke schneiden.

2 Die Kartoffeln waschen und etwa 20 Minuten garen. Abgießen, etwas abkühlen lassen, pellen und in dünne Scheiben schneiden. Zwiebel schälen und hacken. Backofen auf 220 °C (Umluft 200 °C) vorheizen.

3 Eine Auflaufform einfetten. Die Kartoffelscheiben in die Form geben. Zwiebel, Paprikapulver und saure Sahne darüber verteilen. Darauf die Fischstücke legen und mit dem geriebenen Käse bestreuen. Zuletzt die Butter in Flöckchen darüber geben und mit Paniermehl bestreuen.

4 Die Sahne über das Fischragout gießen und alles im Ofen etwa 40 Minuten überbacken. Noch heiß in der Form servieren.

Zubereitungszeit 30 Minuten
(plus Garzeit und Zeit zum Überbacken)
Pro Portion ca. 548 kcal/2299 kJ
55 g E · 28 g F · 19 g KH

Desserts und Backwaren

Zitronencreme

Zutaten für 4 Personen

1 Ei, 80 g Puderzucker, 35 g Maismehl, Saft von 1 Zitrone, Kirschsaft, 150 ml Sahne

1 Das Ei trennen. Den Puderzucker mit dem Eigelb in einer Schüssel schaumig rühren. Das Eiweiß steif schlagen.

2 Maismehl, Zitronensaft und etwa 250 ml Wasser zur Eimasse geben und in einem Topf unter Rühren aufkochen lassen.

3 Topf vom Herd nehmen und die Masse leicht abkühlen lassen. Anschließend den Eischnee unterheben. Die Zitronencreme mit Kirschsaft und geschlagener Sahne servieren.

Zubereitungszeit 15 Minuten
(plus Kochzeit)
Pro Portion ca. 175 kcal/734 kJ
4 g E · 13 g F · 11 g KH

Beerencreme

Zutaten für 4 Personen

125 g Zucker, 6 Eigelb, je 250 g Himbeeren und Brombeeren, etwa 14 Blätter weiße Gelatine, 250 ml Sahne, Butter für die Form

1 Zucker mit Eigelb in einer Schüssel sehr schaumig schlagen. Die Beeren verlesen, putzen und waschen. In einem Sieb abtropfen lassen und durch ein Sieb streichen, sodass die Kerne entfernt werden.

2 Gelatine in Wasser einweichen und unter Rühren erhitzen, bis sie sich aufgelöst hat. Gelatine zum Beerenmus geben und diese Mischung unter den Eischaum rühren.

3 Die Sahne steif schlagen und unter die Beerencreme heben. Die Creme in eine gefettete Form geben und über Nacht kühl stellen. Zum Stürzen die Form kurz in heißes Wasser stellen, anschließend die Beerencreme auf einen Teller stürzen. Dazu passt Vanillesauce.

Zubereitungszeit 25 Minuten
(plus Einweich- und Kühlzeit)
Pro Portion ca. 713 kcal/2993 kJ
21 g E · 39 g F · 58 g KH

Kastanienpudding

Zutaten für 4 Personen

500 g Maronen (Esskastanien), 75 g Rosinen, 100 g getrocknete Aprikosen, 10 Blatt Gelatine, 1 Vanilleschote, 350 g Zucker, 2 El Aprikosenlikör, 300 ml Sahne, 100 g Schokolade

1 Die Kastanien in kochendes Wasser geben und etwa 20 Minuten garen. Abgießen, abkühlen lassen und schälen. Alle Häutchen gut entfernen. Die Kastanien pürieren.

2 Die Rosinen heiß abspülen. Aprikosen fein würfeln. Gelatine in 2 El Wasser einweichen.

3 Die Vanilleschote aufschneiden und das Mark mit 5 El Wasser und 250 g Zucker in einem Topf aufkochen, bis der Zucker sich aufgelöst hat und ein Sirup entstanden ist. Sirup mit Kastanienpüree, Rosinen, Trockenaprikosen und Likör verrühren. Die Gelatine unter Rühren erhitzen, auflösen und unter die Masse rühren. Etwas abkühlen lassen.

4 200 ml Sahne steif schlagen, unter den Kastanienpudding rühren und alles in eine Schüssel geben. Über Nacht im Kühlschrank fest werden lassen.

5 Die Schokolade im Wasserbad schmelzen. 100 g Zucker in etwas Wasser aufkochen und auflösen. Restliche Sahne steif schlagen. Alles miteinander verrühren und zum Kastanienpudding servieren.

Zubereitungszeit 40 Minuten
(plus Gar- und Kühlzeit)
Pro Portion ca. 1090 kcal/4578 kJ
20 g E · 33 g F · 174 g KH

Pflaumenknödel

Zutaten für 24 Stück

1 kg Kartoffeln, 120 g Mehl, 30 g Grieß, Salz, 1 Ei, 24 Pflaumen, 24 Würfelzucker, 100 g Butter, 3 El Paniermehl, Zimt und Zucker zum Bestreuen, Mohn nach Belieben

1 Die Kartoffeln waschen, in kochendem Wasser etwa 20 Minuten garen, abgießen, abkühlen lassen und schälen. Mit dem Kartoffelstampfer zerkleinern.

2 Mehl mit Grieß und 1 Prise Salz vermischen. Das Ei unterrühren. Mit Kartoffelpüree zu einem geschmeidigen Teig verarbeiten. Den Teig zu einer Rolle formen und in ca. 10 cm dicke Scheiben schneiden.

3 Pflaumen waschen, trockentupfen, entsteinen und mit je einem Stück Würfelzucker füllen. In die Mitte jeder Teigscheibe eine gefüllte Pflaume legen und den Teig zusammenklappen. Zu einem Knödel formen.

4 Pflaumenknödel in kochendem Wasser etwa 5 Minuten ziehen lassen, bis sie oben schwimmen. Die Butter erhitzen, das Paniermehl darin anrösten und die abgetropften Pflaumenknödel darin wenden.

Zubereitungszeit 30 Minuten
(plus Garzeit)
Pro Stück ca. 600 kcal/2520 kJ
11 g E · 13 g F · 106 g KH

Spitzbuben

Zutaten für 25 Stück

440 g Mehl, 375 g Butter, 240 g Zucker, 1 El Vanillezucker, 250 g geriebene Mandeln, Erdbeermarmelade, Puderzucker

1 Mehl in eine Schüssel sieben und die weiche Butter in Stücken dazugeben. Zucker und Vanillezucker einrieseln lassen und untermischen. Mandeln zugeben und alles zu einem festen Teig verkneten. In Folie wickeln und etwa 30 Minuten kalt stellen.

2 Den Teig auf einer bemehlten Arbeitsfläche etwa 3 mm dick ausrollen. Mit einem Ausstecher (3 cm Ø) Kreise ausstechen, auf ein mit Backpapier ausgelegtes Blech legen und nochmals kühl stellen.

3 Die Plätzchen im Ofen etwa 8 Minuten backen. Abkühlen lassen und mit warmer, verrührter Erdbeermarmelade bestreichen. Je 2 Plätzchen aufeinandersetzen und in Puderzucker wenden.

Zubereitungszeit 30 Minuten
(plus Kühl- und Backzeit)
Pro Stück ca. 230 kcal/966 kJ
4 g E · 18 g F · 14 g KH

Dalken

Zutaten für 12 Stück

250 ml Milch, 3 El Zucker, 20 g Hefe, 400 g Mehl, Salz, 2 Eier, 3 El Butter

1 Die Milch leicht erwärmen und den Zucker darin unter Rühren auflösen. Die Hefe hineinbröckeln und alles etwa 15 Minuten abgedeckt gehen lassen.

2 Das Mehl in eine Schüssel sieben und eine Prise Salz dazugeben. Ein Ei trennen. Das ganze Ei und ein Eigelb (Eiweiß anderweitig verwenden) sowie die Butter zum Mehl geben. Den Hefevorteig hinzufügen und alles zu einem Teig verkneten. Wenn der Teig nicht mehr am Löffel hängenbleibt, etwas Mehl darüber streuen und an einem warmen Ort abgedeckt 30 Minuten gehen lassen.

3 Den Teig anschließend auf eine bemehlte Arbeitsfläche legen und mit der flachen Hand breitdrücken. Handtellergroße Stücke ausstechen und auf ein gefettetes Backblech legen. Die Dalken weitere 15 Minuten ruhen lassen. Den Backofen auf 180 °C (Umluft 160 °C) vorheizen.

4 Die Dalken etwa 20 Minuten goldgelb backen. Mit zerlassener Butter bestreichen. Als Belag eignen sich Zucker und Zimt, Pflaumenmus (Powidl) oder Quark mit etwas Zucker.

Zubereitungszeit 30 Minuten
(plus Geh- und Backzeit)
Pro Stück ca. 158 kcal/665 kJ
6 g E · 4 g F · 26 g KH

Kirschkuchen

Zutaten für 16 Stücke

200 g Butter, 200 g Zucker, 1 Päckchen Vanillinzucker, Schale von 1/2 unbehandelten Zitrone, 1 Prise Salz, 3 Eier, 200 g Mehl, 1 Msp. Backpulver, 2 El Milch, 1 kg Kirschen, 40 g gehackte Mandeln, Butter für die Form

1 Die weiche Butter schaumig rühren. Nach und nach Zucker, Vanillinzucker, Zitronenschale, Salz und die Eier unterrühren.

2 Das Mehl mit wenig Backpulver vermischen und zusammen mit der Milch unter den Ei-Zucker-Schaum heben. Alles zu einem glatten Teig verarbeiten. Den Backofen auf 180 °C (Umluft 160 °C) vorheizen.

3 Den Teig in eine gefettete Springform (26 cm Ø) geben. Die Kirschen waschen und entsteinen. Die Kirschen auf dem Teig verteilen. Den Kuchen im Ofen etwa 30 Minuten backen. Nach der Backzeit mit Zucker und Mandeln bestreuen. Weitere 10–15 Minuten backen. In der Form etwas auskühlen lassen.

Zubereitungszeit 45 Minuten
(plus Backzeit)
Pro Stück ca. 255 kcal/1071 kJ
4 g E · 13 g F · 29 g KH

Pflaumenkuchen

Zutaten für 16 Stücke
250 g Butter, 250 g Zucker, 4 Eier, 250 g Mehl, 1/2 Tl Backpulver, 600 g Pflaumen, Butter und Paniermehl für die Form, 125 g Hagelzucker, 1/4 Tl Zimt

1 Die Butter mit dem Zucker in einer Schüssel schaumig rühren und die Eier nacheinander untermischen. Mehl mit Backpulver vermengen und dazugeben. Alles zu einem glatten Teig verarbeiten.

2 Die Pflaumen waschen und trockentupfen. Früchte längs halbieren und den Stein entfernen. Die Springform (26 cm Ø) einfetten und mit Paniermehl ausstreuen. Den Backofen auf 190 °C (Umluft 170 °C) vorheizen.

3 Den Teig in die Springform geben und gut verteilen. Darauf kreisförmig die Pflaumenhälften legen. Den Kuchen im Ofen etwa 45 Minuten backen. Etwas abkühlen lassen, dann mit einem Gemisch aus Hagelzucker und Zimt bestreuen.

Zubereitungszeit 30 Minuten
(plus Backzeit)
Pro Stück ca. 289 kcal/1218 kJ
4 g E · 15 g F · 35 g KH

Powidltascherln

Zutaten für 8 Stück

250 g Mehl, 2 Eier, 1/2 Tl Salz, 100 g Powidl (Pflaumenmus), 3 El Butterschmalz, Zucker und Zimt zum Bestreuen

1 Das Mehl in eine Schüssel sieben und in die Mitte eine Mulde drücken. Die Eier hineinschlagen, das Salz zugeben und alles mit den Händen verkneten. Dabei vom Rand der Schüssel nach innen arbeiten. Etwa 2 El Wasser zugeben und einen glatten Teig herstellen, der fest und zäh sein sollte. Nach Bedarf noch Mehl zufügen. Teig abdecken und etwa 30 Minuten ruhen lassen.

2 Anschließend den Teig auf einer bemehlten Arbeitsfläche dünn ausrollen und in Quadrate von etwa 8 cm Kantenlänge schneiden. Auf jedes Quadrat einen Teelöffel Pflaumenmus geben, das Quadrat zusammenklappen, die Ränder gut festdrücken.

3 In einem großen Topf Wasser zum Kochen bringen und die Powidltascherln darin ziehen lassen, wenn sie an die Oberfläche steigen, herausnehmen und abschrecken.

4 Das Butterschmalz in einer Pfanne erhitzen und die abgetropften Tascherln darin schwenken. Mit Zucker und Zimt bestreut servieren. Schmecken gut zu Vanilleeis.

Zubereitungszeit 30 Minuten
(plus Ruhe-, Koch- und Bratzeit)
Pro Stück ca. 164 kcal/688 kJ
5 g E · 3 g F · 28 g KH

Rezeptregister